GÉRARD ROSSÉ
DER PFARRER VON ARS
AN SEINE GEMEINDE

Gérard Rossé

Der Pfarrer von Ars
an seine Gemeinde

Ausgewählte Gedanken und Predigten
mit einer biographischen Einführung

 VERLAG NEUE STADT
MÜNCHEN ZÜRICH WIEN

Titel der italienischen Originalausgabe: Curato d'Ars – Scritti scelti
© 1976 Città Nuova Editrice, Rom
Übersetzung: Hans Beyrink

1980, 1. Auflage
© Alle Rechte der deutschsprachigen Ausgabe
bei Verlag Neue Stadt, München 83
Umschlaggestaltung: Tiziana Lago-Schaaf
Gesamtherstellung: Negele-Druck, Augsburg
ISBN 3-87996-078-X

Das Leben
des Jean-Marie Vianney

Die Auswahl aus den Gedanken und Predigten des Pfarrers von Ars, die wir hier zur Betrachtung vorlegen, ist seinen Schriften und vor allem Zeugnissen seiner Pfarrkinder, seiner Kapläne und vieler Pilger entnommen, die das Glück hatten, ihm zu begegnen und ihn zu hören.[1]

Jean-Marie Vianney hat nie daran gedacht, irgend etwas für die Nachwelt aufzuzeichnen. Außer einigen Briefen und einigen mehr oder weniger überarbeiteten Gebeten ist nichts auf uns gekommen als die Predigten seiner ersten zehn Dienstjahre.[2]

Wenn man diese Predigten liest, ist man enttäuscht über ihre literarische Form, die Armut des Stils, die Wiederholung von Ausdrücken wie „Ach meine Brüder!", „O mein Gott!"; und was die Rechtschreibung angeht, so muß man schon ein Auge zudrücken.

Er war kein Gelehrter, der Pfarrer von Ars, das beweisen seine Predigten zur Genüge. Sohn eines einfachen Bauern,[3] ist er Bauer geblieben: ein zum Priester geweihter Bauer. Von Kind an war Jean-Marie ein armes, hartes und arbeitsreiches Leben gewöhnt. Schon mit sieben Jahren hütete er den Esel, die wenigen Schafe und die Kuh der Familie. Später half er dem Vater und dem älteren Bruder bei der Feldarbeit. Nachts schlief er mit seinem Bruder François zusammen in einem Bett in einer Stallecke.

Die Feldarbeit, zu der bereits die Kinder herangezogen wurden, erschwerte einen regelmäßigen Schulbesuch. Außerdem machten sich die Wirren der Revolution von 1789 bis in die kleinsten Dörfer bemerkbar. In Dardilly blieb die Schule von Beginn der Revolution an bis zum Winter 1803/04 geschlossen. Als Jean-Marie sich zum ersten Mal auf die Schulbank setzte, zählte er siebzehn Jahre. In diesem Alter lernt man nicht mehr so leicht die Anfangsgründe der Grammatik und der Arithmetik. Dem Vater genügte es auch, wenn sein

Sohn ein wenig schreiben und rechnen konnte; aber dem Sohn genügte es nicht. Er gab sich alle Mühe, die wenigen Wintermonate so gut wie möglich für den Unterricht auszunutzen. Denn seit einigen Jahren war in ihm etwas aufgebrochen, ein Traum, eine Sehnsucht: Er wollte Priester werden. Um dieses Ziel zu erreichen, mußte er studieren, mußte er Latein können, was in jener Zeit als unabdingbare Voraussetzung für den Priesterberuf galt.

Wie war es zu dieser Berufung gekommen? Genau läßt sich das nicht sagen. Das häusliche Klima, vor allem der Einfluß der Mutter, war ein guter Nährboden für die Entstehung eines solchen Wunsches. Von der Mutter wurde ihm früh die Freude am Gebet geschenkt. „Nach Gott verdanke ich es meiner Mutter", hat er später einmal gesagt. Ihr verdankte er auch die Liebe zu Maria: „Die heilige Jungfrau ist meine erste Liebe; ich habe sie geliebt, noch ehe ich sie kannte."

Eine Tugend, die in der Familie Vianney stets geübt wurde, war die Gastfreundschaft gegenüber den Armen. Die Haustür stand immer offen. Den Armen wurde Achtung entgegengebracht. Bei der Mahlzeit saßen sie mit am Familientisch, und sie fanden auch in einem Winkel ein Nachtquartier. Bei den Vianneys lebte noch die Erinnerung an einen Bettler, der einmal berühmt werden sollte: Der heilige Benedikt Josef Labre war im Jahre 1770 ihr Gast.

Die Liebe zu den Armen war eine charakteristische Eigenschaft des zukünftigen Pfarrers von Ars. Schon als Junge brachte er die Bettler, die er auf der Straße sah, mit in sein Elternhaus. Als er Pfarrer geworden war, lud er die Armen ins Pfarrhaus ein, er zündete für sie das Feuer an, unterhielt sich mit ihnen und gab ihnen seine Hemden, Schuhe und Strümpfe. Er sagte: „Wie froh sind wir, daß die Armen zu uns kommen. Wenn sie nicht kämen, müßten wir sie suchen gehen!" Um ihre

Empfindlichkeit nicht zu verletzen, behandelte er sie mit sehr rücksichtsvoller Freundlichkeit. „Wenn er einem Bettler begegnete, kam er ihm zuvor, indem er sich selbst zum Bettler machte und um einige Brotkrusten aus dessen Bettelsack bat... Natürlich gab er ihm dann reichlich Geld dafür, oder er revanchierte sich mit einem Brötchen oder einem Laib Brot, den er selbst von einem Pfarrkind geschenkt bekommen hatte. Dann ging er noch ein Stück des Weges mit ihm und dankte ihm für seine Liebenswürdigkeit", so schreibt Nodet.

Was vielleicht den tiefsten Eindruck auf den kleinen Jean-Marie machte und in ihm den Wunsch zum Priestertum weckte, war die Situation der Kirche in Frankreich während der Revolution. Abbé Monin, der erste Biograph des Heiligen, berichtet: „Ich habe den ehrwürdigen Diener Gottes sagen hören, daß der Wunsch, Priester zu werden, ihm sehr früh durch die Begegnung mit einem Bekenner des Glaubens gekommen ist."

Der durch die Revolution entfesselte Haß gegen die Religion wurde legalisiert durch die „Zivilkonstitution des Klerus" im Juli 1790. Im November desselben Jahres beschließt die Nationalversammlung, daß die Priester den Zivileid leisten müssen. Schließlich verurteilt das „Gesetz über die Verdächtigen" die „Eidverweigerer" zum Tode; wer eidverweigernde Priester anzeigt, erhält eine Belohnung, wer sie unterstützt, wird bestraft. Es sind Jahre der Verfolgung; in Frankreich entsteht wieder die Kirche im Untergrund.

Jean-Marie war damals ein kleiner Junge, und vielleicht verstand er von alldem nicht viel. Doch hat die Begegnung mit den Priestern, die die Familie Vianney trotz der „Gesetze über die Verdächtigen" heimlich beherbergte, einen tiefen Eindruck auf ihn gemacht. Die nächtlichen Messen in abgelegenen Hütten, zu denen man sich hinschlich, konnte er nicht vergessen. Vor allem konnte er seine erste heilige Kommunion nicht vergessen, die er in einer Stube hinter verschlossenen Fensterläden feierte. Dreizehn Jahre war er damals alt. Raymond, der erste Kaplan beim Pfarrer von Ars, berichtet darüber: „Man kann den Tag und die Stunde, in der Jean-Marie zum ersten Mal zur heiligen Kommunion gehen durfte, nicht genau bestimmen. Er selbst hat mir nur erzählt, diese Feier hätte in einem Zimmer stattgefunden, und man hätte ein mächtiges Fuder Heu vor das Fenster geschoben, um für die allzu aktiven Agenten der Republik jeden Verdacht abzulenken."

Man kann verstehen, daß die Unterdrückung der Kirche und die Beispiele des Mutes der treugebliebenen Priester in dem kleinen Vianney den Wunsch wecken konnten, Priester zu werden. „Wenn ich das Glück hätte, Priester zu sein, würde ich viele Menschen zu Gott führen", soll er schon als Junge einmal gesagt haben.

Als ihm die Berufung zum Priestertum klar war und als er den Widerstand des Vaters überwunden hatte,[4] mußten die notwendigen Schritte zu diesem Ziel unternommen werden. Jean-Marie sollte bei Charles Balley, dem Pfarrer von Ecully, Unterricht nehmen. Er konnte bei Verwandten dort im Dorf wohnen. Balley, schon mit Arbeit überlastet, zögerte zuerst. Doch als er dann diesen jungen Mann von zwanzig Jahren sah, sagte er: „Hab keine Angst, mein Freund, wenn nötig, werde ich mich für dich opfern." Und der Pfarrer von Ecully hielt Wort. Er sollte der Lehrer des zukünftigen Pfarrers von Ars werden, sein geistlicher Vater, seine Stütze während der Jahre der Vorbereitung auf das Priestertum, Führer und Vorbild seines Lebens als Priester und Pfarrer.

Für Jean-Marie beginnt die schwere Zeit, in der er mit kläglichen Fortschritten versucht, sich das nötige Wissen anzueignen. Trotz aller Anstrengung wollen die Regeln der lateinischen

Grammatik nicht in seinen Kopf. „Ich kann nichts in meinen dummen Kopf hineinbringen." Sieben Jahre studierte er; es war eine Zeit des Versagens, des Wiederanfangens, der Entmutigungen und Unterbrechungen. Im Jahre 1809 eine unangenehme und unerwartete Überraschung: Jean-Marie erhielt einen Gestellungsbefehl, obwohl Pfarrer Balley seinen Schüler als Anwärter aufs Priestertum hatte registrieren lassen.[5] War das ein Irrtum, ein Versehen? Jedenfalls mußte er gehen. Er verstand das nicht. Er hatte sich den Händen der Vorsehung anvertraut und suchte in den verschiedenen Umständen den Willen Gottes zu erkennen, und die Umstände führten ihn als Deserteur in das Forezgebirge.[6] Er wurde aufgenommen und hielt sich verborgen in dem Dorf Des Noës; er nahm einen anderen Namen an, und er suchte sich irgendwie nützlich zu machen. Jedenfalls war sein Studium für gut vierzehn Monate unterbrochen.

Dann konnte er nach Hause zurückkehren. Doch in der Familie hatte sich etwas geändert. Seine Mutter war einen Monat zuvor gestorben. Für Jean-Marie war das ein großer Schmerz: „Nachdem ich sie verloren hatte, habe ich mich an keinen Menschen mehr auf Erden gebunden." Und es empfing ihn ein Vater, der verbittert war, weil er sich so manche Schikanen und Drohungen seitens der Polizei hatte gefallen lassen müssen wegen seines desertierten Sohnes. Daß er seinem Vater diesen Schmerz zugefügt hatte, bekümmerte Jean-Marie, und er suchte mit allen Mitteln die Gunst des Vaters wiederzugewinnen. Das bezeugt der Brief, den er im Jahre 1813 schrieb, als er in Verrières studierte. Aus ihm spricht offensichtlich ein starkes Schuldgefühl:

„Lieber Vater, erlauben Sie, daß der unwürdigste Ihrer Söhne noch einmal zurückkehrt, um das Glück zu genießen, sich mit einem Vater zu unterhalten, dessen Freundschaft er so wenig

verdient, nachdem er lange in so unwürdiger Weise Ihre Wohltaten mißbraucht hat. Er verdiente infolgedessen nichts anderes
als stetigen Unwillen. Aber nein, die zärtliche Liebe eines
Vaters hat keine Grenzen, nicht einmal nach den größten
Beleidigungen; seine Freundschaft wendet sich mehr denn je
einem undankbaren Sohn zu, der nichts anderes verdient als
Verachtung . . ."

Jean-Marie kehrte nach Ecully zurück und zog sofort ins
Pfarrhaus zu Pfarrer Balley. Er mußte wieder ernsthaft studieren.
Daß es ihm immer noch schwerfiel, braucht nicht gesagt zu
werden. Im Oktober 1812 stellte Balley seinen Schüler, der
ihm inzwischen fast wie ein Adoptivsohn geworden war, im
Kleinen Seminar zu Verrières für das Jahr der Philosophie
vor. „In Verrières hatte ich wirklich etwas auszustehen", erinnert er sich im Alter noch. Als er das erste Mal in der Klasse
vom Lehrer gefragt wurde, blieb er stumm: Er hatte die in
lateinischer Sprache an ihn gerichtete Frage nicht verstanden.[7]
„Was dem jungen Vianney fehlte", schreibt Abbé Raymond,
„war die geistige Bildung. Er hatte sein Studium zu spät begonnen, es war nur lückenhaft, oft unterbrochen und wieder-
aufgenommen . . . Man muß sich also nicht wundern, daß seine
Unwissenheit in vielen Dingen ihm seit seinem Eintritt in
Verrières manch eine Demütigung zugezogen hat."

Vianney ließ sich nicht entmutigen. Er studierte die Lektio-
nen mit anderen fünf Seminaristen, denen das Latein auch
Schwierigkeiten machte, in französischer Sprache. Die Erfolge
waren nicht nennenswert. Nach Abschluß des Schuljahres nahm
Balley seinen Schüler wieder auf, und sogleich, noch während
der Ferien, begann er ihn in die Theologie einzuführen. Im
Oktober 1813 trat Jean-Marie in das Seminar von Lyon ein.
Er konnte aber den Vorlesungen nicht folgen. Sein Aufenthalt
in diesem Seminar dauerte vielleicht nur anderthalb Monate.

Er wurde nach kurzer Zeit zu seinem Pfarrer zurückgeschickt.

Vielleicht zum ersten Mal dachte Vianney daran, auf das Priestertum zu verzichten; er würde Gott in irgendeiner anderen Weise sein Leben weihen. Von neuem nahm ihn Pfarrer Balley auf und ermutigte ihn. Es wurde beschlossen, Vianney sollte bei Balley in französischer Sprache Theologie studieren und im Seminar das Examen ablegen. Dann beim Examen ein neues Versagen. Doch Balley erreichte, daß sein Schüler noch einmal das Examen versuchen konnte, und zwar in Ecully selbst, bei einem einzigen Professor. Dieses Mal ging es gut aus. Vianney wurde zu den Weihen zugelassen. Vielleicht hatten die Vorgesetzten mehr auf das Urteil des geachteten Balley gegeben als auf die Leistungen des Kandidaten.

M. Courbon, der Generalvikar von Lyon, soll bei der Gelegenheit gesagt haben: „Ist der junge Vianney fromm? Betet er den Rosenkranz gern? Verehrt er die Jungfrau Maria? ... Dann wird die Gnade das übrige tun!" Am 13. August 1815 wurde gleichsam aus Gnade und Barmherzigkeit der zum Priester geweiht, den die Kirche zum Patron und Vorbild aller Priester erklären sollte. Jean-Marie war neunundzwanzig Jahre alt. Zwei Jahre hatte sein Theologiestudium gedauert.

Der Traum Vianneys war Wirklichkeit geworden. Nun war er Priester. Aber ein Priester ohne das entsprechende Wissen und die erforderlichen Kenntnisse, das wußte er sehr wohl. In Erinnerung an die Zeit des Studiums sagte er einmal zu Abbé Monnin: „Mein Studium? Ich habe gar nicht studiert. Monsieur Balley hat sechs oder sieben Jahre versucht, mir etwas beizubringen, aber er hat sein Latein an mir verloren. Es ist ihm nicht gelungen, etwas in meinen Schädel hineinzubringen." Er suchte diese Tatsache weder vor sich selbst noch vor anderen zu verbergen; im Gegenteil, in seiner Demut übertrieb er sie noch: „In den Familien ist immer einer, der weniger im Kopf hat; bei uns war ich es." Bei einer anderen Gelegenheit sagte er: „Wenn ich mit den andern Priestern zusammen bin, bin ich wie Bordin, der Trottel aus unserm Dorf."

Das Bewußtsein seiner mangelhaften Bildung machte ihn nicht im mindesten neidisch gegenüber den besser Gebildeten. Ihm machte etwas anderes zu schaffen. Er versichert selbst: „Mir fällt es schwer, mich vor der Versuchung der Verzweiflung zu bewahren." Die Versuchung zur Verzweiflung hatte mehrere Gründe, vor allem das Bewußtsein seiner Unwürdigkeit und seiner Unwissenheit. Wie soll er die Aufgabe erfüllen, andere zu unterrichten, wenn er dazu nicht fähig ist? Pfarrer zu sein macht ihm Angst. „Daß ich Priester bin, um die Messe zu feiern, darüber klage ich nicht; aber daß ich Pfarrer sein muß, das macht mir Kummer." Seitdem er für eine Pfarrei verantwortlich war, bedrückte ihn seine Unwissenheit ständig. Vianney dachte etwa so: „Der Bischof hat sich geirrt. Wenn er meine Unfähigkeit erkannt hätte, hätte er mich nicht zum Pfarrer ernannt. Und warum hat er sie nicht erkannt? Weil ich meine traurige Wirklichkeit unter der Maske des Könnens verberge."

„Wie unglücklich bin ich! Nicht einer ist da, bis hin zum Bischof, der sich nicht über mich täuscht. Ich muß wohl ein Heuchler sein!" klagt er. Die Leute grüßen ihn ehrfürchtig. Bei sich selbst gibt er zur Antwort: „Armer Heuchler! Wenn sie mich kennen würden!" In diesem Konflikt lebt er. Er klagt sich der Heuchelei an, des Mangels an Ehrlichkeit, weil er ein Amt bekleidet, auf das er kein Recht hat. In den Augen seiner Leute ist er der gute Hirte, in Wirklichkeit ist er ein Ignorant. Täuscht er nicht so seine Pfarrangehörigen?

Diese Prüfung des Pfarrers von Ars wird um so unerträglicher, je mehr im Lauf der Zeit sein Ansehen wächst. Nur die Vorwürfe einiger seiner Mitbrüder sind eine Linderung für dieses sein inneres Leiden.

Ja, die Mißachtung, die ihm der eine oder andere benachbarte Pfarrer entgegenbrachte, bedeutete für ihn eine wirkliche Erleichterung: Für einige Augenblicke sah er sich so beurteilt, wie er sich im Grunde selbst einschätzte: wie eine Null. „Wenigstens nicht alle täuschen sich", sagte er. „Einige setzen mich an den richtigen Platz und schätzen mich nach meinem richtigen Wert ein. Wie muß ich ihnen dankbar sein! Sie helfen mir, mich selbst zu erkennen." Bekannt ist der Briefwechsel zwischen Abbé Borjon und dem Pfarrer von Ars. „Herr Pfarrer", schrieb Abbé Borjon, „wenn man so wenig von Theologie versteht wie Sie, dürfte man sich nie in einen Beichtstuhl setzen." Ohne zu zögern, entgegnete ihm Vianney: „Mein liebster und verehrtester Mitbruder, wieviele Gründe habe ich, Sie zu lieben! Sie sind der einzige, der mich richtig erkannt hat. Da ich sehe, daß Sie so gut und so liebevoll sind, daß Sie geruhen, sich für meine Person zu interessieren, so helfen Sie mir, die Gnade zu erlangen, um die ich seit langer Zeit bete: Weil ich an einen Platz gestellt bin, dessen ich meiner Unwissenheit wegen nicht würdig bin, möchte ich mich zurückziehen können in einen Winkel, um über mein armes Leben zu weinen ..." Nichts an Ironie in dieser Antwort. Nur das lautere Gefühl der Dankbarkeit gegen den Mitbruder, der ihm erlaubt hat, ohne Maske zu erscheinen: als ein armer und unwissender Sünder.

Die Unwissenheit ist eine Sünde, davon war er überzeugt. Leider machte Vianney nicht die notwendigen Unterscheidungen auf diesem Gebiet. Um seine Pfarrkinder vor der Gefahr zu bewahren, sich nicht genug zu unterrichten, erklärte er kategorisch: „Wer nicht gut unterrichtet ist, erkennt weder das Böse, das er begeht, noch das Gute, das er unterläßt. So ist also einer, der nicht gut unterrichtet ist, ein verlorener Mensch." Das wandte er offensichtlich auch auf sich selbst an. Er hatte Angst vor dem Tod, er hatte Furcht vor Gott, der ihn verdammen würde, weil er bei seiner Unwissenheit unfähig war, das ihm anvertraute Volk zu retten. „Meine Versuchung ist die Verzweiflung. Ich habe Angst, von Gott als Heuchler gerichtet zu werden." Oder ein andermal: „Ich würde mich ohne weiteres immer um Mitternacht erheben. Es ist nicht die Mühe, vor der ich zurückschrecke. Ich wäre der glücklichste von allen Priestern, wenn dieser Gedanke nicht wäre, daß ich vor dem Richterstuhl Gottes erscheinen muß als Pfarrer."

Aber wenn der Pfarrer von Ars am Rande der Verzweiflung stand, überwältigt von der Furcht vor dem Gericht Gottes, gerade dann erfuhr er schließlich die Liebe und Barmherzigkeit Gottes in seinem gequälten Herzen. Immer mehr drang er in das Geheimnis Gottes ein, der zugleich der absolute Herr und die unendliche Liebe ist, und er gewann daraus eine Einsicht, die an Tiefe die eines Paulus erreicht. Hier ein paar Gedanken, die das zeigen:

„Gott hat mir diese große Barmherzigkeit erwiesen, daß er nichts in mich hineingelegt hat, auf das ich mich stützen könnte, kein Talent, kein Wissen, keine Weisheit, keine Kraft, keine Tugend."

„Der gute Gott, der keines einzigen Menschen Hilfe braucht, bedient sich meiner für sein großes Werk, obwohl ich ein Priester ohne Bildung bin. Wenn er einen anderen Priester zur Hand gehabt hätte, der mehr Grund als ich gehabt hätte, sich zu demütigen, so hätte er ihn genommen und hätte durch ihn hundertmal mehr Gutes getan."

Das war echte Demut. Sie half ihm seine Furcht überwinden, indem er sich der göttlichen Barmherzigkeit überließ und in ihr den Frieden und das Gleichgewicht wiederfand. Aus folgendem Wort kann man das ersehen: „Eines Tages erhielt ich einen Brief, in dem sie mich wie einen Heiligen behandelten, und gleichzeitig erhielt ich einen anderen mit Beleidigungen. Hätte ich nur den ersten erhalten, wäre ich stolz geworden, und der zweite allein hätte mich in Verzweiflung gestürzt. Man muß weder um das eine noch um das andere Aufhebens machen. Man ist das, was man in den Augen Gottes ist."

Der Mangel an notwendiger Bildung war nicht das einzige Motiv für seine schrecklichen Ängste. Auch die Theologie, wie sie in der damaligen Zeit gelehrt wurde, erschwerte eine freudige Beziehung zu Gott. Dogmatik und Moral, wie sie damals in den Seminaren gelehrt und dem Volk gepredigt wurden, standen unter dem rigoristischen Einfluß des Jansenismus. Man stellte Gott zu sehr als den Richter hin, man schärfte übertrieben die Furcht vor der Hölle ein, man betonte übermäßig die Erbärmlichkeit des Menschen und die Schwierigkeit, gerettet zu werden. Solch eine Theologie verschärfte natürlich das innere Leiden des Pfarrers, und er brauchte Jahre, um sich von diesem drückenden Joch zu befreien.

Doch auch der Einfluß einer solchen Theologie erklärt noch nicht zur Genüge die unerträgliche Angst, der Vianney viele Jahre hindurch unterworfen war. Vielleicht müssen wir den tiefsten Grund in einer mystischen Erfahrung sehen, die er in den ersten Jahren seines Priestertums gemacht hat. Er hat selten und nur andeutungsweise davon gesprochen. Einer Frau vertraute er an: „Meine Tochter, erbitten Sie von Gott nie die völlige Erkenntnis Ihrer Erbärmlichkeit. Ich habe einmal darum gebeten und wurde erhört. Wenn Gott mich damals nicht gehalten hätte, ich wäre unmittelbar in die Verzweiflung gestürzt." Zu Catherine Lassagne, einem Pfarrkind von Ars, von dem wir noch hören werden, sagte er einmal: „Ich habe Gott gebeten, er möchte mir meine Erbärmlichkeit zeigen. Ich habe sie gesehen, und die Qual, die ich verspürte, war so übermächtig, daß ich ihn bat, sie zu mindern. Sie schien mir unerträglich zu sein." Ein andermal sagte er: „Ich war so außer mir, als ich meine Erbärmlichkeit sah, daß ich sofort um die Gnade bat, sie zu vergessen. Gott erhörte mich. Aber er hat mir genug Licht über meine Erbärmlichkeit gelassen, um mich begreifen zu lassen, daß ich zu nichts tauge." Vielleicht hatte der junge Priester wirklich den Mut, diese außerordentliche Gnade von Gott zu erbitten.

Wenn man an dieser dunklen und schmerzlichen Seite des Lebens von Jean-Marie Vianney stehenbliebe, hätte man ein unvollständiges und verzerrtes Bild von ihm. Sicher war er kein Gebildeter, er konnte sich nicht zu den Intellektuellen seiner Zeit rechnen. Seinem Gedächtnis fehlte die Übung, weil er zu spät mit dem Studium begonnen hatte, er war nicht zu Hause in den Regeln der französischen und der lateinischen Sprache und hatte keinen Zugang zu einer Theologie, die nur Kasuistik war. Die Professoren von Lyon machten aber den Fehler, daß sie Gedächtnis mit Intelligenz gleichsetzten. Mangel an Wissen ist noch lange kein Mangel an Intelligenz. Jean-Marie war unwissend und wurde oft als Dummkopf angesehen. Aber das war er nicht.

Man darf auch nicht vergessen, daß der Pfarrer von Ars sich während seines ganzen Lebens weitergebildet hat. Wenn er Gelegenheit hatte, nach Lyon zu fahren, unterließ er es nicht, die Buchhandlungen zu besuchen. Seine Bibliothek zählt heute noch mehr als 400 Bände, und wer weiß, wieviele wohl verschwunden sind. Da sind unter anderem das „Leben der Heiligen", ein Buch, das auf seinem Nachttisch lag, dann Bücher von Mystikern (auf diesem Gebiet hat er sich eine gewisse Bildung erworben), Bücher der Dogmatik und Moraltheologie und Predigtsammlungen. Erlaubte es ihm die Zeit, so studierte er, und er hatte schließlich wohl die notwendigen theologischen Kenntnisse, um seine Aufgabe als geistlicher Ratgeber zu erfüllen.

Um sich über die Kenntnisse Vianneys zu vergewissern, hatte Bischof Devie ihn gebeten, ihm schwierige Gewissensfragen mit den von ihm vorgeschlagenen Lösungen zuzuschicken. Mehrere Jahre hat der Pfarrer von Ars sich dieser Arbeit unterzogen. Der Bischof erkannte an, daß die Lösung der über zweihundert eingesandten Fälle immer exakt war; über zwei oder drei hätte man anderer Meinung sein können.

Der Bischof schätzte den kleinen Landpfarrer sehr. Als die Gräfin des Garets einmal die Bemerkung machte, man sähe den Pfarrer von Ars im allgemeinen als wenig gebildet an, gab der Bischof zur Antwort: „Ich weiß nicht, ob er gebildet ist, aber ich weiß, daß der Heilige Geist es sich angelegen sein läßt, ihn zu erleuchten." Der Bischof hat genau die wahre Quelle der Weisheit Vianneys getroffen: die Gaben des Heiligen Geistes. Der Pfarrer selbst erklärt dieses Geheimnis in einfachen Worten: „Wer sich vom Heiligen Geist leiten läßt, hat richtige Ideen und Vorstellungen. Darum gibt es viele Ungebildete, die mehr verstehen als die Klugen."

Von Natur aus war Jean-Marie mit einer wachen und lebhaften Intelligenz begabt. Er konnte beobachten, er hatte ein Gespür für die seelische Verfassung und die verborgenen Gefühle eines Menschen. Er entdeckte schnell die komischen Seiten einer Situation und konnte sich darüber freuen. Um eine schlagfertige Antwort war er nicht verlegen. Anekdoten, die von ihm erzählt werden, zeigen ihn als einen herzlichen und fröhlichen Menschen, aber immer achtsam, das Taktgefühl nicht zu verletzen, wenn er eines seiner Beichtkinder oder einen Mitbruder verulkte. Eine korpulente Dame fragte ihn einmal, was sie tun müsse, um in den Himmel zu kommen. „Drei Fastenzeiten im Jahr halten, meine Tochter", war seine Antwort. Ein Freund von ihm, Pfarrer eines benachbarten Dorfes, von einigermaßen gewichtiger Statur, unterhielt sich mit ihm: „Ich hoffe, Sie vergessen Ihre Freunde nicht. Ich zähle ein wenig auf Sie, um nach oben zu kommen. Wenn Sie in den Himmel aufsteigen, halte ich mich an Ihrem Gewand fest." Vianney schaute ihn an und lachte: „Hüten Sie sich! Das Tor zum Himmel ist eng, und wir stehen dann beide draußen."

In witziger Weise wußte er die vielen Fragen lästiger Besucher zu umgehen. „Vater, ist mein Mann im Fegfeuer?" – „Ich bin nicht dagewesen, meine Tochter." Eine Frau, die ihm bei jeder Gelegenheit dieselbe Geschichte erzählte, fragte er schließlich: „Meine Tochter, in welchem Monat des Jahres reden Sie am wenigsten?" Sie wußte es nicht. „Der Februar müßte es sein, er hat drei Tage weniger als die andern Monate."

Er machte auch die Mode lächerlich, die damals im Schwang war: „Der Kaiser hat gute Sachen gemacht, aber eines hat er vergessen: Er hätte verordnen sollen, daß die Türen breiter gemacht würden, damit die Damen mit ihren Krinolinen hindurch können."

Und er machte sich über sich selbst lustig, wenn er allzu sehr Gegenstand der Verehrung wurde. „Herr Pfarrer, was sind Sie eigentlich für ein Mensch?" „Was ich für einer bin? Um mich zu machen, hat man etwas von einem Truthahn, von einer Gans und einem Krebs genommen." Auf die Frage, ob die Verehrung, die man ihm entgegenbrachte, ihn nicht hochmütig machen könnte, gab er zur Antwort: „Mein Freund, erst wird man beweihräuchert, dann bekommt man einen Tritt."

In seinen letzten Jahren, als er von dem Beichthören zu sehr in Anspruch genommen war, wurde ihm ein Kaplan zur Seite gegeben. Als dieser einmal wohl zu sehr die Person des Pfarrers herausstrich, hielt er ihm entgegen: „Sie sehen, daß alles richtig läuft, solange Sie hier sind. Aber wenn ich allein bin, bringe ich nichts zuwege. Ich bin wie eine Null: Sie zählt nur, wenn man eine andere Zahl davorsetzt."

Vergessen wir auch bei seiner Charakteristik nicht seinen lebhaften Geist, seine Gutmütigkeit, seine Fröhlichkeit. „Wieviel Geist hatte dieser Mann, und was für einen großen Geist!" war das Urteil René Bazins, eines Mitglieds der Académie Française.

Nach der Priesterweihe erwartete ihn eine freudige Überraschung: Er wurde zum Vikar in Ecully ernannt. Eine bessere Lösung hätte es nicht geben können. M. Balley wollte ihn bei sich behalten, ihm im Studium der Theologie weiterhelfen und ihn in die Praxis des priesterlichen Dienstes einführen.

Jean-Marie bewunderte diesen ebenso imponierenden wie sanftmütigen Priester. Er hatte vorher einer Kongregation der Augustiner-Chorherren angehört, die unter dem Einfluß des jansenistischen Rigorismus stand, und er hatte die strenge Disziplin seiner alten Kongregation beibehalten. Es gab einen geregelten Tagesplan, gemeinsames Breviergebet, Stillschweigen bei Tisch, geistliche Gespräche, Zeiten der Erholung, monatliche Einkehrtage und anderes. Und alles war von Fasten, Abtötungen und Opfern begleitet.

Jean-Marie befand sich da in seinem Element, und er tat sein Bestes, um seinen Meister nachzuahmen. Ohne sich dessen bewußt zu sein, übernahm er den Rigorismus und die übertriebene Strenge in der Seelenführung, die Balley von seiner Kongregation geerbt hatte. Diese Mentalität war unter den

Priestern der Diözese Lyon und im französischen Klerus überhaupt sehr verbreitet. Die beiden Priester, Balley und Vianney, eiferten in ihren Abtötungen um die Wette, so sehr, daß die Pfarrangehörigen sich Sorge darum machten und eine Abordnung zum Erzbischof schickten. Obendrein machten sich Meister und Schüler Sorge umeinander, und ohne daß der eine es vom andern wußte, schwärzten sie sich gegenseitig „wegen übertriebener Abtötungen" beim Erzbischof an.

Balley unterrichtete Vianney in Dogmatik und Moral und machte ihn mit der Verwaltung der Sakramente und der Feier der Liturgie vertraut. Jean-Marie übte sich in den ersten Predigten und versuchte, mit Hilfe des Pfarrers schwierige Gewissensfragen zu lösen. Vor allem schärfte ihm Balley die Grundlinien eines pastoralen Programms ein, das Vianney später als Pfarrer genau anwandte: die Bedeutung der Unterweisung des Volkes, die Liebe zu den Armen, die religiöse und allgemein menschliche Bildung der Kinder, Krankenbesuch und die besondere Pflege der Liturgie.

Die beiden Jahre als Vikar bei dem geliebten Pfarrer von Ecully waren für Vianney eine glückliche Zeit. Doch Balley starb im Jahre 1817. Jean-Marie war erschüttert und verwirrt. Er betrachtete diesen Priester als einen Heiligen, und die Erinnerung an ihn blieb immer in seinem Gedächtnis haften. Viele Jahre später noch versicherte er: „Wenn ich ein Maler wäre, ich könnte sein Porträt jetzt noch malen."

Einige Monate nach dem Tode Balleys wurde Vianney zum Kaplan von Ars ernannt, das damals noch zur nahegelegenen Pfarrei Misérieux gehörte. Zur Pfarrei erhoben wurde Ars 1821, und seitdem trug Vianney den Titel „Pfarrer".

Einunddreißig Jahre war Vianney alt, als er sich auf den Weg nach Ars machte. Das Dorf, 35 km nördlich von Lyon gelegen, zählte damals 230 Einwohner. Es war gar nicht leicht, das Dörfchen mit seinen knapp 40 kleinen Häusern, die zwischen Obstgärten versteckt waren, zu finden. Einige dieser Häuser lagen verstreut, andere rings um die kleine Kirche, die von vier Balken überragt wurde, an denen die Glocke hing. Der Glockenturm fehlte. Das Pfarrhaus war einigermaßen komfortabel: eine Küche und ein kleiner Saal im Erdgeschoß, alles eingerichtet von den Garets, einer Familie von altem Adel, die unten im Tal ein Schloß besaß.

Und wie stand es um Ars? Im Jahre 1804 hatte der damalige Pfarrer folgenden Bericht an die bischöfliche Behörde geschickt: „Alle Einwohner dieser Gemeinde, 370 an der Zahl, bekennen sich zum katholischen Glauben. Von diesen empfangen nur die Frauen, die Jugendlichen und die Kinder, die ich zur Ersten Kommunion geführt habe, die Sakramente. Alle Männer ... halten sich ständig fern ... Und doch sind sie gewöhnlich beim Gottesdienst anwesend. Der Katechismusunterricht wird viermal die Woche gegeben. Niemand besucht ihn häufig, auch die nicht, die sich auf die Erstkommunion vorbereiten. Von der Heuernte an bis zum Martinsfest wird der Katechismusunterricht ausgesetzt. Es gibt eine Schule für die Kinder des Volkes, für die Jungen und für die Mädchen. Lehrer ist ein Einwohner des Ortes, der natürlich die Sorge für den Religionsunterricht dem Priester überläßt. Das ist sehr mühsam wegen der Dummheit und Unfähigkeit der Kinder. Die meisten von ihnen unterscheidet nichts anderes von den Tieren als die Taufe. Es ist nicht leicht, die Väter und Mütter von der Wichtigkeit des gemeinsamen Gebetes und der Lesung des Evangeliums zu überzeugen; es gibt auch nur wenige Häuser, in denen jemand dazu imstande ist ... Die Leute von Ars halten viel Vieh. Als Hirten setzen sie ihre Kinder wie auch Kinder aus nahegelegenen Gemeinden ein. Alle diese Kinder und Jugendlichen lassen sich an den Festtagen und am Sonntag um keinen Preis in der Kirche sehen. Bis jetzt habe ich diese böse Gewohnheit, die ihren Grund allein in der Habsucht hat, nicht abschaffen können." Ein dunkles Bild der religiösen Situation, die sich nicht auf das Dorf Ars beschränkte. Es spiegelt die traurigen Folgen der Revolution wider: religiöse Gleichgültigkeit, Materialismus und Armut.

Der Vorgänger Vianneys hatte sein Bestes getan, die Dorfbewohner zu bekehren. Einen gewissen Fortschritt gab es: Einige Männer erfüllten ihre Osterpflichten wieder, die eine oder andere Familie kehrte zu einem echten Glaubensleben zurück.[8]

Die Ankunft Vianneys geschah fast unbemerkt. Doch am nächsten Morgen läutete die Glocke. „Man wunderte sich, als es zur Messe läutete, und man sagte sich: Da ist ja ein neuer Pfarrer gekommen!" berichtet die Gräfin des Garets.

Den ersten Besuch machte der Pfarrer seiner Kirche. Er war betrübt über ihren Zustand. Das Pfarrhaus schien ihm dagegen viel zu komfortabel zu sein. „Der Priester ist besser untergebracht als Gott", dachte er. Während seines ganzen Lebens als Pfarrer hat Vianney sich bemüht, das Gotteshaus zu verschönern, zu schmücken und zu vergrößern. Nodet zählt eine Reihe von Arbeiten auf, die der Pfarrer von Ars selbst in Angriff genommen hat: Kauf von Häusern, Reparaturen, Bau einer Schule, eines Glockenturms, von Seitenkapellen u.a. Er hatte keine Angst davor, sich die Hände schmutzig zu machen, er half anstreichen, tischlern und mauern.

Inzwischen schickte er der Eigentümerin, der Gräfin des Garets, alles zurück, was an Überflüssigem im Pfarrhaus war, und es war nur sehr wenig, was er für unentbehrlich hielt: zwei Tische, einen Schrank, einige Stühle, einen Kochtopf und eine Pfanne, einige Teller und Tassen und die wenigen Sachen, die er von Ecully mitgebracht hatte: ein Bett (die

Matratze gab er später einem Armen), die Bücher, die Balley ihm hinterlassen hatte, etwas an Wäsche und einen Regenschirm.

Dem neuen Pfarrer genügte die Küche und eine der drei Kammern im Obergeschoß. So konnten sich die Armen im Haus des Pfarrers wohl fühlen. Die Dorfbewohner schätzten die Einfachheit ihres Pfarrers, sie nahmen ihn für ihresgleichen.

Vianney erwartete nicht, daß die Pfarrkinder ihn von sich aus besuchten. Er dachte, er müsse den Anfang machen, und so ging er die Einwohner einen nach dem andern besuchen. Mit der Zeit lernte er sie alle kennen. Es war damals nicht üblich, daß die Geistlichen in den Häusern Besuche machten. Die Wirkung seiner Besuche war positiv. „Er hat sich die Zuneigung seiner Pfarrkinder erworben durch seine große Liebe, seine große Güte und durch die zahlreichen Besuche, die er machte", bezeugt eine Pfarrangehörige von Ars. Vianney zeigte bei den Besuchen Takt und Feingefühl. Am liebsten machte er seine Besuche während des Mittagessens, weil das eine günstige Zeit war, die ganze Familie anzutreffen. M. de Saint Pierre schildert die Szene so: „Um niemand zu stören oder zu überraschen, kündigt er sich von weitem an, indem er den Hausherrn mit seinem Vornamen ruft. Dann betritt er das Haus, macht allen ein Zeichen fortzufahren – mit einer Handbewegung, die keinen Widerspruch duldet. Er stützt sich auf einen Stuhl und beginnt zu sprechen. Klug und verständig ist er darauf bedacht, sich mit den Bauern fast ausschließlich über ihre materiellen Angelegenheiten zu unterhalten, über die Ernte, ihre Arbeit, ihre großen und kleinen Sorgen. Er unterrichtet sich über alles, kennt bald die Verwandtschaftsverhältnisse und Beziehungen eines jeden. Dann aber vollzieht er ebenso geschickt wie behutsam einen Übergang und beginnt, von den göttlichen Dingen zu sprechen, nicht auf eine langweilige, abschreckende Weise, nein, seine Reden sind durchwirkt von Bildern, Anekdoten, fesselnden Geschichten, die er aus seiner emsigen Lektüre der Heiligenleben nimmt. Er hat schon damals eine ihm eigene Art, diese Dinge zu erzählen und die Mitmenschen dadurch zu faszinieren.

Jede Gelegenheit war ihm günstig, um Leute kennenzulernen und Beziehungen anzuknüpfen: auf der Straße, vor den Haustüren, beim Spaziergang durch die Felder. Auch begegnete Vianney seinen Pfarrkindern gern bei ihrer Arbeit. Er grüßte sie schon von weitem, dann ein kurzes Geplauder, und so wurden freundschaftliche Beziehungen geknüpft."

In den ersten Jahren setzten ihm die Einsamkeit und der Mangel an Arbeit sehr zu. Von Natur aus unternehmend und arbeitsfreudig, war der Mangel an Arbeit für ihn eine Qual und, wie er sagte, „eine Versuchung zur Verzweiflung". Er fürchtete ständig, nicht aktiv genug zu sein.

Immer wieder hatte er Augenblicke tiefer Niedergeschlagenheit. Das Gefühl seiner Unfähigkeit, die Überzeugung, seine Vorgesetzten getäuscht zu haben, die Last seiner Verantwortung vor Gott, all das drückte ihn oft nieder. Dann war er überzeugt, er müßte sich an irgendeinem entlegenen Ort verbergen und für seine arme Seele beten.[9]

Der Wunsch, sich zurückzuziehen, überkam ihn sein Lebtag immer wieder. Dem Bürgermeister von Ars vertraute er einmal an: „Seit meinem elften Lebensjahr bitte ich Gott darum, in der Einsamkeit leben zu dürfen. Doch meine Gebete sind nicht erhört worden." An seinen Bischof schrieb er 1851: „Monseigneur, da Sie so glücklich sind, sich zurückziehen zu können, um nur noch an den Himmel zu denken, bitte ich Sie um die Gnade, mir dasselbe Glück zu schenken."[10] Der Bischof stellte sich taub. Einige Jahre später versuchte er es bei dem Nachfolger: „Angesichts meines schlechten Gesundheitszustandes und meines Alters möchte ich Ars für immer verlassen ..." Doch der Erfolg war der gleiche. Auch die Visitationen des Bischofs nützte er aus, um dieselbe Bitte vorzutragen. Noch zwei Wochen vor seinem Tod richtete er diese Bitte an seinen Bischof.

Diesem Verlangen nach Einsamkeit stand aber beim Pfarrer von Ars ein ganz anderer Wunsch entgegen. Davon zeugt sein Wort: „Wenn ich schon einen Fuß im Himmel hätte und man sagte mir, ich sollte auf die Erde zurückgehen, um an der Bekehrung eines Sünders zu arbeiten, ich ginge gern zurück. Und wenn es dafür nötig wäre, hier zu bleiben bis ans Ende der Welt und zu leiden, wie ich leide, aus ganzem Herzen würde ich meine Zustimmung geben."

Die Bewohner von Ars merkten sehr bald, daß dieser kleine, schlecht gekleidete, magere, schüchterne Priester mit seinem schwerfälligen Gang ein hartnäckiger Kämpfer war. Gegen tief verwurzelte Unsitten, wie die Gewohnheit zu fluchen, übertriebene Tanzvergnügungen, Sonntagsarbeit, Besuch der Kneipen, zog er zu Felde. Der Kampf ging über Jahre, und der Sieg war nie vollständig an allen Fronten. In seinem Todesjahr noch schrieb Vianney: „Ach, es gibt noch Sünder in der Pfarrei. Ich muß weggehen, damit ein anderer sie bekehren kann."

Je nach den Umständen änderte er seine Taktik. Wie immer hatte der Pfarrer das nötige Feingefühl. Er versuchte, keinen zu kränken, er versuchte zu überzeugen und keine Bannflüche zu schleudern; er zeigte die Gefahren auf, aber er verurteilte nicht. „Ich erinnere mich nicht, jemals über meine Pfarrkinder erzürnt gewesen zu sein. Ich glaube, ich habe ihnen nicht einmal Vorwürfe gemacht." Nur wenn er schlechtem Willen und Boshaftigkeit begegnete, ging er zum offenen Angriff über. Gegen das Fluchen war er unerbittlich. Der Erfolg blieb nicht aus. Ein Besucher berichtet: „Am ersten Abend, den wir im Dorf verbrachten, wurden wir Zeugen eines Vorfalls, der uns einen Begriff vom Pfarrer von Ars gab. Drei Männer führten zwei Pferde, die einen großen gefällten Baum zogen. Sie kamen gleichzeitig mit uns an einem Bach an. Als sie ihn mit ihrem Pferdegespann überqueren wollten, bäumte sich eines der Pferde auf, tat einen Fehltritt und fiel unglücklich hin. Die Männer stürzten hinzu und befreiten das Tier aus seiner gefährlichen Lage. Was war nun an der Sache so außerordentlich, daß wir uns gegenseitig verwundert anschauten? Diese drei Bauern zeigten nicht die geringste Ungeduld, sie sagten sich gegenseitig kein böses Wort, sie schlugen auch das Tier nicht oder schimpften mit ihm. Solch eine Selbstbeherrschung bei Bauern, in einer derartigen Situation, war für uns etwas ganz Ungewöhnliches."

Auch dem Kampf gegen die Sonntagsarbeit war ein Erfolg beschieden, und zwar, wie es scheint, schon sehr bald. Schon 1829 konnte Vianney auf eine bischöfliche Anfrage, ob die Einwohner am Sonntag arbeiteten, antworten: „Selten". Größer und weniger erfolgreich war die Arbeit des Pfarrers, die Kneipen zu schließen und das Tanzen zu unterbinden. Dieses kleine Dorf konnte sich rühmen, vier Wirtschaften zu haben. „Die Kneipe ist der Laden des Teufels; sie ist die Schule, in der die Hölle ihre Lehren an den Mann bringt, der Ort, wo man seine Seele verkauft, wo die Familien ruiniert werden, wo die Gesundheit untergraben wird, wo die Streitigkeiten beginnen und wo es Mord und Totschlag gibt", sagt Vianney. Das Bild, das er zeichnet, ist für die damalige Zeit zutreffend. Die Kneipe war die einzige Stätte, wo die Bauern sich versammeln und austoben konnten. Die Trunksucht war verbreitet mit all den Konsequenzen für das Familienleben. Die Bauern von Ars verbrachten den Sonntag lieber in den Kneipen als in der Kirche.

Dem Pfarrer von Ars war die Sache klar: Er mußte diese Stätten aushungern, indem er ihnen die Kundschaft nahm, und er mußte den Sonntag wieder zu dem machen, was er ist, ein Tag des Herrn. Tatsächlich mußten die beiden nahe an der Kirche gelegenen Wirtschaften eine nach der andern schließen. Vianney selbst gab das nötige Geld, damit der eine Wirt sein Gewerbe wechseln konnte. Dann folgten die beiden etwas weiter abgelegenen. Sieben Versuche, eine neue Gastwirtschaft zu eröffnen, scheiterten einer nach dem anderen. Es war ein wirklicher Erfolg. Nicht nur, daß jetzt die Messe für die Männer am Sonntag zum Treffpunkt wurde, auch Armut und Elend nahmen ab. „Indem er die Gastwirtschaft abschaffte, beseitigte der Pfarrer die Hauptursache des Elends", versicherte Jean Pertinand, der Lehrer des Dorfes. Vianney bekämpfte aber nicht die Gasthäuser allgemein. Als später die Zahl der Pilger größer wurde, widersetzte er sich nicht der Eröffnung von Gasthöfen, und gerade er besorgte ihnen Kundschaft; doch das waren nicht mehr Stätten der Ausschweifung.

Der Kampf gegen die Tanzleidenschaft war vielleicht der schwierigste und langwierigste. Er dauerte fünfundzwanzig Jahre, und der Erfolg war nicht vollständig. Wenn es auch gelang, die Tanzvergnügungen aus Ars zu verbannen, so gingen die Hartnäckigen doch anderswohin. Auch hier war es wohl nicht das Tanzen an sich, was der Pfarrer bekämpfte, sondern die Übertreibung und die bösen Folgen.

Die Tanzveranstaltungen verbieten, die Trunksucht tadeln, den Eltern die schlechte Erziehung ihrer Kinder vorhalten, das mußte Widerspruch, Reaktionen seitens der Betroffenen hervorrufen. Sie verbreiteten böse Gerüchte über den Pfarrer, schickten ihm beleidigende, anonyme Briefe und beschimpften ihn. An der Tür des Pfarrhauses fand er des öfteren obszöne Schmierereien. Anderthalb Jahre kam jeden Abend jemand unter sein Fenster und beschimpfte ihn, er führe ein liederliches Leben. Seine Magerkeit wurde auf ein ausschweifendes Leben zurückgeführt. Ein Mädchen brachte in einem Nachbarhaus ein Kind zur Welt und gab den Pfarrer als Vater des Kindes an. „Wenn ich bei der Ankunft in Ars gewußt hätte, was hier alles auf mich wartete, ich wäre auf der Stelle gestorben", sagte Vianney einmal. Die Verleumdungen kamen auch dem Bischof zu Ohren, und der Pfarrer erwartete das Schlimmste. „Ich dachte, es wäre der Augenblick gekommen, wo ich mit Stockhieben von Ars weggejagt worden wäre. Ich dachte, der Bischof hätte mich suspendiert, und ich hätte meine Tage als Gefangener verbringen müssen. Aber ich sehe, daß ich diese Gnade nicht verdient habe." Der Bischof und der größte Teil der Pfarrgemeinde kannten ihren Pfarrer zu gut, um solchen skandalösen Gerüchten Glauben zu schenken. Er aber schwieg, er behielt keinen Groll. Im Gegenteil, als eine der Familien, die so gegen ihn standen, in wirtschaftliche Not geriet, half er ihr ohne Zögern.

Auch diese Zeit der Prüfung ging vorüber. „Nie war ich so glücklich, wie in den Augenblicken, wo ich verfolgt und verleumdet wurde. Gott überflutete mich dann mit Trost, er gewährte mir alles, worum ich ihn bat."

Vianney hatte noch ein anderes Mittel, um gegen die Unsitten und Laster in Ars anzukämpfen: das Gebet und das Opfer. Ein Zeuge sagt: „Um die Unsitten, insbesondere die ausschweifenden Tanzvergnügungen, abzuschaffen, nahm er seine Zuflucht vor allem zur Abtötung und zur Selbstkasteiung. Ich habe ihn eines Tages sagen hören, er hätte es so weit getrieben, bis er ganz am Ende gewesen wäre." Ein anderer: „Er sagte einst, er wäre mehr durch sein Beten als durch Worte und Belehrungen zum Kern der Sache vorgestoßen."

Wohl führte er schon vor der Ernennung zum Pfarrer ein Leben des Gebets und der Abtötung. Als er aber die Verantwortung für eine Pfarrei erhalten hatte, glaubte er diese „Waffen" noch viel mehr einsetzen zu müssen, da er sich ja ebenso seiner Unfähigkeit wie der Größe seiner Aufgabe bewußt war. Und da er vor Gott für die ihm anvertrauten Seelen verantwortlich war, mußte er mit seiner Liebe das ersetzen, was an der Liebe der Bewohner von Ars fehlte. Sehr gut schreibt Nodet: „Darum bestand das erste Werk des Pfarrers von Ars, das entscheidende Werk seines Lebens, darin, zu lieben, besser zu lieben als jene, die nicht oder mangelhaft liebten."

Noch in der Nacht erhob er sich, um in die Kirche zu gehen. „Zu Beginn seines Dienstes ging er regelmäßig um vier Uhr morgens in die Kirche und verblieb in Anbetung zu Füßen des Altars bis zur Zeit der Messe, die er gegen sieben feierte", berichtet Jean Pertinand. Er betete für seine Leute: „Mein Gott, gewähre mir die Bekehrung meiner Pfarrei; ich bin bereit, alles zu leiden, was du willst, mein ganzes Leben lang . . ., wenn sie sich nur bekehren."

Die Kirche war seine eigentliche Wohnung. „Es schien, als hätte er die Kirche zu seiner Wohnung gewählt. Wenn man ihn antreffen wollte, mußte man dahin gehen", berichtet Guillaume Villier.

Vianney schuldet einen Teil seiner Popularität den Abtötungen, die er sich auferlegte. Seine Zeitgenossen wurden durch sie tief erschüttert, während wir heutzutage dadurch mehr oder weniger schockiert sind. Wir dürfen aber nicht vergessen, daß es die Liebe zu den Seinen war, die ihn zu Abtötungen, Fasten und zu übertriebenen Geißelungen antrieb. Er geißelte sich manchmal, bis er bewußtlos wurde. Oft versagte er sich den Schlaf. Einige Wochen schlief er auf Reisig in einer feuchten Kammer im Erdgeschoß. Das brachte ihm eine Gesichtsnervenentzündung mit heftigen Kopfschmerzen, an denen er fünfzehn Jahre lang litt. Als er merkte, daß die Feuchtigkeit schädlich war, zog er auf den Dachboden um. Eine Bohle benutzte er als Kopfkissen. Schließlich schlief er doch im Bett in der oberen Kammer, nachdem er die Matratze und alles, was irgendeine Bequemlichkeit bieten konnte, entfernt hatte.

Auch sein Fasten war bestürzend: Er aß einmal am Tage, und nur Brotkrusten und zwei Kartoffeln, manchmal auch ein paar in der Pfanne gebackene Küchlein aus Mehl und Wasser. In der Fastenzeit aß er an zwei oder drei aufeinanderfolgenden Tagen überhaupt nichts. Die Folgen waren ein verkümmerter Magen und öfter Augenblicke körperlicher Schwäche. Wie wenig Zeit und Sorge er auf das Essen verwandte, zeigt der Satz: „Es ist vorgekommen, daß ich zwischen zwölf und ein Uhr essen, das Zimmer machen, mich rasieren, schlafen und die Kranken besuchen konnte."

Etwas besser wurde es, als er nach 1827 seine Mahlzeiten in der „Providence" einnahm; seit 1854 mußte er auf Anordnung des Arztes auch etwas Gemüse und Fleisch essen. Aber er blieb immer unter dem Existenzminimum. Er rechtfertigte sich: „Ich habe eine gute Konstitution, ich bin zäh. Wenn ich etwas gegessen und zwei Stunden geschlafen habe, kann ich neu anfangen."

Er war auch öfter krank. 1843 brachte ihn eine Lungen- und Brustfellentzündung an den Rand des Todes. Da hat er erfahren, was er einmal seiner Kusine schrieb: „Meine liebe Kusine, wenn Sie einmal bei einem Sterbenden sind, lesen Sie ihm laut vor, weil der Kranke auch hört, wenn er ohne Bewußtsein zu sein scheint." Ein Jahr lang verheimlichte er einen doppelten Leistenbruch.

Seine härteste Buße aber, davon werden wir später sprechen, war der Beichtstuhl.

Später gab er zu, daß er vor allem in den ersten Jahren übertrieben hatte. Seine früheren Bußübungen nannte er „Jugendtorheiten"; er sagte: „Wenn man jung ist, macht man Dummheiten."

Nie aber hat er seine Fastenübungen und Abtötungen anderen auferlegt. Er duldete unter den Seinen nichts Übertriebenes, Exzentrisches, was für das geistliche Leben leicht von Schaden ist. Seiner Helferin Catherine Lassagne[11] verbot er einmal, während der Fastenzeit zu fasten. Sie entgegnete: „Aber Sie, Herr Pfarrer, wie fasten Sie!" Er darauf: „Es ist wahr, aber ich kann meine Arbeit tun, auch wenn ich faste, aber Sie können das nicht." Eine andere eifrige Frau aus der Pfarrei, die ihn im Fasten nachzuahmen suchte, ließ er auf der Stelle essen, was er ihr mitgebracht hatte. Er hatte ihr angesehen, daß sie nicht froh war.

Unter den Priestern waren gelegentliche Versammlungen üblich; man traf sich abwechselnd jeweils in einem der Pfarrhäuser. Die Mitbrüder versicherten, die besten Mahlzeiten beim Pfarrer von Ars erhalten zu haben. Er selbst sagte dazu: „Seine Mitbrüder muß man herrschaftlich empfangen." Bei unerwarteten Besuchen war er anfangs oft in Verlegenheit, weil er nichts anzubieten hatte. Später sorgte er vor. Abbé Raymond berichtet, daß er „kleine Vorräte aufbewahrte, um seinen Mitbrüdern etwas Gutes vorsetzen zu können. Er bot ihnen das Mahl mit Güte und Herzlichkeit an."

Vianney beschränkte sich natürlich nicht auf die Abtötungen und Entbehrungen und auf das Bekämpfen der Fehler. Im wesentlichen war sein Wirken aufbauend und positiv. Mit allen verfügbaren Mitteln förderte er jene, in denen er die Berufung zu einem tieferen geistlichen Leben oder zu einem besonderen Dienst in der Kirche entdeckte. Und in allen seinen Pfarrkindern suchte er ein echtes geistliches Leben zu wecken.

So unterstützte er zwei Theologiestudenten aus armen Familien, Michel Lacôte aus Ars und Antoine Raymond aus Farcins, seinen späteren Kaplan. Dieser äußert sich dazu so: „Er setzte sich wirklich für mich ein und half mir, ins Kleine Seminar einzutreten. Er bezahlte auch einen Teil meines Kostgelds."

Seine Einfachheit und Herzlichkeit und seine Frömmigkeit beeindruckten die Bewohner von Ars und weckten in einigen von ihnen den Wunsch, ihn nachzuahmen. Diesen konnte er dann etwas von dem, was ihn beseelte, mitteilen. „Seine erste Eroberung waren die Mädchen", schreibt Catherine Lassagne. Sie gehörte zu der Gruppe der Jugendlichen, die gern zum Tanz gingen. Vianney zeigte sich auch ihnen gegenüber klug und taktvoll. „Sobald er eine wieder auf den Weg zu Gott geführt hatte", sagt Catherine, „lud er sie ein, am Sonntag in seinen Garten zu kommen und von den Früchten zu essen, während die andern auf dem Platz waren beim Tanz. Er sprach mit ihnen von Gott und las ihnen aus dem Leben der Heiligen vor. Er sagte ihnen: ‚Ihr seid viel zufriedener als die andern, die auf dem Platz beim Tanz sind.' Eines Sonntags hatten sich die Mädchen in der Kirche versammelt, um zu beichten. Der Pfarrer, der fast nie die Kirche verließ, sagte zu ihnen: ‚Beten wir den Rosenkranz!'" Von da an wurde der Rosenkranz regelmäßig gebetet, und bald errichtete der Pfarrer die „Rosenkranzbruderschaft", die 1820 vom Bischof bestätigt wurde, zwei Jahre nach der Ankunft Vianneys. Das gleiche machte er danach bei den Männern. Die eifrigsten schrieben sich in die „Bruderschaft vom Heiligsten Sakrament" ein, die 1824 anerkannt wurde.

Der Pfarrer suchte in seinen Leuten nicht nur den Sinn für das Gebet zu fördern, sondern er ermahnte sie auch zur öfteren heiligen Kommunion, etwas für die damalige Zeit wirklich Neues. Schließlich zögerte er nicht, die Besten aus seiner

Pfarrei in entschiedener Weise auf den Weg der Vollkommenheit zu führen. Bei diesen besonders auserwählten Personen zeigte er sich anspruchsvoll. Catherine Lassagne bekennt, daß sie ihren Pfarrer zehn Jahre lang ebenso gefürchtet hat, wie sie ihn schätzte.

Natürlich beschränkte sich Vianney mit seiner Sorge nicht auf die besonders Eifrigen. Er fühlte sich für alle Einwohner verantwortlich. Er schärfte ihnen nicht nur die moralischen Grundprinzipien ein, sondern er wollte diese bäuerlichen Familien zu einem echten innerlichen Leben hinführen. Die Religion, das heißt die Beziehung zu Gott, sollte jeden Augenblick ihres Tages prägen. Der Pfarrer lehrte sie, ihre Zeit vom Glauben her, in etwa nach dem Vorbild klösterlichen Lebens, zu ordnen. Der Tag sollte mit dem Morgengebet anfangen, „nicht während des Ankleidens oder im Sitzen", sondern „auf den Knien, vor dem Bild des Gekreuzigten, nachdem man Weihwasser genommen hat". „Wenn ihr dann zur Arbeit geht, beschäftigt euch mit irgendeinem guten Gedanken, statt über das Verhalten des einen oder anderen nachzudenken." Auch die Arbeit ist ein religiöses Tun: „Ohne etwas zu ändern an dem, was ihr tut, sollt ihr mit der Absicht arbeiten, Gottes Gebot zu gehorchen. Er befiehlt euch ja, euer Brot im Schweiße eures Angesichts zu verdienen. So wird die Arbeit eine Tat des Gehorsams. Wenn ihr eure Sünden abbüßen wollt, erweckt bei der Arbeit einen Akt der Reue. Wollt ihr irgendeine Gnade für euch oder für andere erlangen, erweckt einen Akt des Vertrauens und der Liebe." Um neun Uhr morgens soll man an die Herabkunft des Heiligen Geistes denken, mittags den Engel der Herrn beten. Vor den Mahlzeiten soll man für das empfangene Brot danken. Um drei des Nachmittags ist es gut, sich an den Tod des Herrn zu erinnern. Bevor man am Abend zu Bett geht, soll man gemeinsam beten, denn „wenn zwei oder drei in meinem Namen beisammen sind, bin ich mitten unter ihnen"; auch soll man eine Gewissenserforschung halten. „Da im Winter der Abend lang ist, wäre es wünschenswert, daß ihr eine kurze geistliche Lesung hieltet. Wo niemand lesen kann, kann man ja den Rosenkranz beten; damit ruft man den Schutz der heiligen Jungfrau auf sich herab."

Mit der Zeit änderte das Dorf sein Gesicht. Eine bedeutsame Etappe für die religiöse Entwicklung des Ortes stellte das Jahr 1828 dar. Durch eine Mission, die in der Pfarrei durchgeführt wurde, wurden viele zum häufigeren Empfang der Sakramente veranlaßt. Der Pfarrer war voller Freude und rief aus: „Ars ist nicht mehr Ars."

Vor allem waren es seine geduldige Arbeit, sein Gebet und seine Leiden, die Frucht brachten. Es entstand ein kirchliches Leben, von dem viele Besucher betroffen waren. „Die Pfarrei war eine Gemeinschaft geworden. Ich habe nie etwas Ähnliches gesehen", sagte eine Besucherin, die Baronin Belvey.

Gemäß dem Programm, das er von seinem Lehrer Balley übernommen hatte, legte Vianney großen Wert auf die Erziehung und Fortbildung der Jugend. In Ars gab es, ebenso wie in vielen anderen Gemeinden jener Zeit nach der Revolution, keine Schule. Während der Wintermonate kam ein Lehrer von außerhalb. Vianney hatte den Wunsch, je eine Jungen- und Mädchenschule zu eröffnen. Zu diesem Zweck schickte er Catherine Lassagne, die damals siebzehn Jahre alt war, zusammen mit einer Freundin, Benoîte Lardet, für einige Monate nach Farcins. Dort sollten sie sich die nötigen Kenntnisse aneignen, um den Beruf einer Lehrerin zu erlernen und die Mädchenschule von Ars zu leiten. Gleichzeitig kaufte der Pfarrer ein kleines, ärmliches Haus, bestehend aus einem Raum im Erdgeschoß, zwei Zimmern im Obergeschoß und

dem Dachboden. Diesen wandelte er später in einen Schlaf-
saal um. Nach und nach ließ der Pfarrer das Haus vergrößern,
bis es sechzig Mädchen aufnehmen konnte. Die Mädchenschule wurde 1824 eröffnet. Bald wurden einige Mädchen
aufgenommen, die auch dort wohnten. Im Jahre 1827 wurde
der Schule auch ein Waisenhaus angegliedert, das unter dem
Namen „Providence", Haus von der göttlichen Vorsehung,
bekannt wurde.

Später, im Jahre 1838, gründete der Pfarrer auch die Jungenschule. Sie wurde zunächst von Jean Pertinand aus Ars ge-
leitet, dann ab 1849 von den „Brüdern der Heiligen Familie"
von Belley.[12]

Die „Providence", das Werk, das dem Pfarrer von Ars am
meisten am Herzen lag, verdient kurz vorgestellt zu werden.
Zu dieser Gründung paßte der Name ganz und gar. Nachdem
sich Catherine Lassagne und Benoîte Lardet kaum die not-
wendigsten Grundkenntnisse angeeignet hatten, übernahmen
sie die Leitung. Eine Woche später gesellte sich eine dritte
Lehrerin, Jeanne-Marie Chanay, zu ihnen. Sie wohnten in der
Schule. Für die drei begann nun das Abenteuer in der „Providence". Catherine erzählt – in der dritten Person – ihre Ankunft:
„Nichts war im Vorrat außer einem Napf mit Butter und etwas
Käse, den eine gute Frau ihnen gebracht hatte. Aus dem väter-
lichen Hause trugen sie die Betten herbei, die Wäsche und was
sonst für den Anfang nötig war. Am Tage ihres Einzugs war
nicht einmal Brot da. Nachdem sie das Haus gereinigt hatten,
wäre es für sie möglich gewesen, ins Elternhaus zurückzukehren, um dort etwas zu essen. Aber sie sagten sich: ‚Wir
bleiben; vielleicht schickt uns die Vorsehung etwas zu essen.'
So geschah es auch. Die Mutter einer der beiden hatte an
ihre Tochter gedacht und schickte ihr das Essen, das sie mit ihrer
Gefährtin teilte. Ein wenig später erhielt diese auch noch ihren

Teil. Sie hatten alles, was sie brauchten, und am nächsten Tag backten sie selber Brot."

Für die Lehrerinnen begann nun eine eigene Schule, eine Schule der Heiligkeit. Vom ersten Tag an merkten sie, wohin der Pfarrer sie führen wollte, was für ein Leben er von ihnen erwartete. Sie sollten sich völlig den Händen des himmlischen Vaters überlassen, und er würde für sie sorgen. Eines Tages erschien Vianney in der „Providence" mit einem armen Mädchen, das er von der Straße aufgelesen hatte: „Nehmt dieses Mädchen auf. Der liebe Gott schickt es euch." Catherine überrascht: „Aber Herr Pfarrer, wir haben doch kein Bett mehr frei!" „Euer Bett ist doch noch da", gab er zur Antwort.

Vianney ging als erster in diese Schule des himmlischen Vaters. „Jedes Mal, wenn ich an der göttlichen Vorsehung zweifle, bestraft mich der liebe Gott wegen meiner Sorgen, indem er mir unerwartete Hilfe schickt." Seine Erfahrung mit dieser Schule Gottes faßt Vianney in einer ganz biblischen Erkenntnis zusammen: „Was Gott vor allem verlangt, ist das Vertrauen. Wenn er wirklich die Sorge für uns übernommen hat, dann muß er uns auch helfen und unterstützen, denn sonst ständen ja seine Gerechtigkeit und seine Güte auf dem Spiel."

Es war keine kleine Last, die sich der Pfarrer da aufgebürdet hatte. Tag für Tag mußte er für seine Schar das nötige Geld zusammenbringen. Es gab kritische Augenblicke, fast kam es so weit, daß die „Providence" geschlossen werden mußte. Aber im letzten Augenblick, manchmal auf eine ganz überraschende Weise, kam doch noch Hilfe. Oft schickte gerade im richtigen Augenblick ein Wohltäter Geld, oder ein Beichtkind gab eine Spende. Der Pfarrer fand das normal und wunderte sich nicht darüber. Wenn jemand ihm die mangelhafte Organisation und die Armut seines Werkes vorhielt, antwortete er: „Wenn wir nicht mehr an der Armut festhielten, wüßten wir nicht mehr, wie wir fertigwerden sollten", dann würde Gott nicht mehr in dieser Weise helfen. Er fügte hinzu: „Ich war immer ein von der Vorsehung verwöhntes Kind. Ich habe mir nie um etwas Sorge gemacht, und nie hat mir etwas gefehlt. Wie gut ist es, wenn man sich ausschließlich, ohne Rückhalt und für immer der Vorsehung anvertraut."

Doch Vianney blieb nicht untätig, als wenn das nötige Geld ihm in den Schoß fiele. Ein Zeuge schreibt: „Wenn er auch seine Geschäfte Gott anvertraute, so versuchte er doch die Vorsehung nicht." Er brauchte Mittel für das Schulgebäude und für die Unterhaltung der Zöglinge, da weder Schul- noch Kostgeld erhoben wurde. Ein Stück Wald und Ackerland, das er von seinem Vater erbte, verkaufte er gegen eine jährliche Rente. Das war eine zwar ungenügende, aber doch sichere Einnahme. Unter den Einwohnern von Ars veranstaltete er eine Kollekte, die ihm beim ersten Mal immerhin ein Sack Kartoffeln einbrachte. Er wandte sich auch an wohlhabende Leute, die er kannte, wie den Grafen Prosper des Garets, der in Paris wohnte,[13] oder an Personen, die bei ihm zur Beichte gingen.

Eine besondere Erwähnung verdient seine Geschäftsverbindung mit einer seiner Pfarrangehörigen, Marie Ricotier. Sie war ein Original, ebenso großzügig wie klatschsüchtig und aufdringlich. Hin und wieder mußte der Pfarrer sie zurechtstauchen: „Halt, Marie, wir sind nicht in England. Hier haben die Männer das Kommando." Die Ricotier hatte bald heraus, daß alle Dinge, die der Pfarrer besaß, als kostbare Reliquien verkauft werden konnten. Lassen wir sie selbst erzählen: „Oft war er in der ‚Providence' und half den Leiterinnen des Instituts. Wenn Herr Vianney dorthin zum Essen kam, lamentierte er manchmal, daß er kein Geld für seine Werke oder seine Armen hätte. ‚Also, Herr Pfarrer, wenn Sie etwas veräußern wollen, so will ich es Ihnen wohl abkaufen.‘ Der Vorschlag, lachend vorgebracht, wurde im Ernst angenommen. Von der Zeit an hat der Diener Gottes mir verschiedene Dinge angeboten, die ich ihm bar bezahlt habe zu einem höheren Preis, als sie wert waren. So kaufte ich ihm zunächst Dinge ab, die Pfarrer Balley gehört hatten, dann Schuhe, dann einen Hut, eine Soutane und Möbel ...“ Nach und nach kaufte die Ricotier ihm fast alles ab, was er besaß, überließ ihm aber den Gebrauch, solange er lebte, eingeschlossen die Pfanne, in der er seine Pfannkuchen backte, sowie den Topf für die Kartoffeln und das Körbchen, in das er die Brotkrusten legte.

„Ein andermal“, fährt Marie Ricotier fort, „klagte er in der ‚Providence‘, er hätte nichts mehr zu verkaufen, aber Geld nötig. ‚Meine Jacke kann ich nicht verkaufen, weil sie mir nicht gehört.‘ ‚Aber Herr Pfarrer‘, sagte ich ihm lachend, ‚Sie haben ja noch Ihre Zähne.‘ ‚Gut, was geben Sie mir?‘ ‚Fünf Franc für jeden‘, sagte ich und dachte, das Angebot würde nicht angenommen. ‚Fünf Franc‘, antwortete er, ‚einverstanden‘, und er wollte sich zwei wacklige Zähne herausziehen. ‚Nein, Herr Pfarrer, ziehen Sie sie nicht heraus! Ich überlasse sie Ihnen zum Gebrauch. Wollen Sie mir nicht alle verkaufen?‘ ‚Geben Sie mir für jeden fünf Franc!‘ ‚Ja, Herr Pfarrer.‘ ‚In Ordnung. Macht sechzig Franc. Gehen Sie sie gleich holen, ich warte darauf.‘ Ich ging also die sechzig Franc holen und gab sie ihm.“ Eine merkwürdige Geschichte, die wieder einmal die Gutmütigkeit und die Einfalt dieses Heiligen zeigt.

Als ihm später die Sorge für die „Providence“ abgenommen wurde, brauchte er immer noch viel Geld. So finanzierte er eine Volksmission in siebenundneunzig Pfarreien, er unterhielt weiter die Schule für die Jungen und unterstützte einige Ordensgemeinschaften, die in jener Zeit entstanden. Die Geldsummen,

die durch die Hände des „armen Pfarrers von Ars" gingen –
so pflegte er seine Briefe an den Bischof zu unterzeichnen –,
würden auch heute einem Geschäftsmann Ehre machen.

Die „Providence" zeichnete sich vor allem durch das Leben
aus, das dort geführt wurde. Der Pfarrer wollte nicht nur eine
Mädchenschule, sondern auch ein Heim für Findel- und Waisenkinder. „Zu Anfang wurden zwei oder drei dieser kleinen
unglücklichen Wesen aufgenommen. Aber ihre Zahl nahm
nach und nach zu, so daß das Haus manchmal nicht mehr alle
fassen konnte", schreibt Catherine Lassagne. „Die Mädchen
waren oft nicht gerade von der feinsten Art. Einige waren
schon achtzehn Jahre und mehr, als sie in die ‚Providence'
kamen, oft schlecht gekleidet und voller Ungeziefer", so Jeanne-
Marie Chanay.

Doch Vianney gelang es, diesen Mädchen und ihren Lehrerinnen den Glauben zu vermitteln, daß Gott sie unendlich liebte
und daß sie seiner Vergebung gewiß sein durften. Daraus
erwuchs ihnen eine tiefe Freude. Sie hatten den Wunsch,
ihren Pfarrer nachzuahmen, auch die Sünder zu lieben und
sich für sie einzusetzen. „Wenn der Herr Pfarrer ihnen erzählte,
daß der liebe Gott durch böse Dinge auf den Festen und Bällen
beleidigt worden war, dann baten die Größeren ihre Lehrerin
um die Erlaubnis, eine Nachtwache zu halten, um im Namen
der Schuldigen um Vergebung zu bitten. Sie besprachen sich
untereinander und weckten sich gegenseitig für eine Stunde in
der Nacht. Dabei verhielten sie sich so leise, daß die anderen,
die diese Nachtwache nicht mitmachten, nichts davon merkten", berichtet Catherine Lassagne.

Über die religiöse und charakterliche Reife der Mädchen
staunten die Besucher. Einer von ihnen schreibt: „Die Mädchen
waren eine Art Familie, in der die größeren Beispiel, Rat
und Belehrung gaben. Die Wissensvermittlung stand nicht

so sehr im Vordergrund, aber es herrschten dort ein Glaube, eine Frömmigkeit und eine Gelehrigkeit, die bewundernswert waren. Das war kein gewöhnliches Institut, sondern vielmehr eine wahre Ausstrahlung der Heiligkeit seines Gründers."

Die „Providence" war wirklich eine Familie. „Eines Tages wurden die Leiterinnen nach der Zahl der Waisenkinder gefragt, und sie antworteten ganz unbefangen: ‚Das wissen wir nicht.' – ‚Wie, das wisssen Sie nicht?' – ‚Nein, wirklich, Gott weiß es, und das genügt uns.' – ‚Aber wenn eines dieser Mädchen ausrisse?' – ‚Wir kennen sie zu gut und kümmern uns zuviel um sie, als daß es uns nicht sofort auffiele.'"

Es ist nicht verwunderlich, daß es in der Familie der „Providence", wo das Streben nach Heiligkeit so lebendig war, auch Fälle von beispielhaftem Sterben gab.[14] Catherine Lassagne berichtet: „Einige freuten sich zu sterben, weil sie in den Himmel gingen. Einige baten darum, daß ein Danklied gesungen würde. Eine war da, die viel Angst vor dem Tode hatte. Doch kurz vor ihrer letzten Stunde sagte sie: ‚Wie bin ich glücklich! ... Was für eine Freude findet man doch im Glauben!' Und als ihre Gefährtinnen ihr Lieblingslied anstimmten, nahm sie alle Kräfte zusammen, um mitzusingen."

In dieser Atmosphäre der „Providence" fühlte sich der Pfarrer von Ars in seinem Element. Gern verbrachte er einige Augenblicke bei den Mädchen, wenn sie im Hof spielten. Er sprach mit ihnen, er ermutigte sie mit einem Lächeln, bei Tisch hielt er sie zu gutem Benehmen an. Er stand bei ihnen in großem Ansehen. Er erhielt von ihnen, was er wollte. Oft ließ er sie an seinen Sorgen als Priester teilhaben, und sie spürten seine Liebe zu den Menschen. Wenn er irgend etwas von Gott erlangen wollte, ließ er sie beten, und „dann wurde er immer erhört". Er kannte die Mädchen alle, und er ließ sie auch nach Verlassen der „Providence" nicht aus dem Auge. Oft suchte er für sie einen Arbeitsplatz, er half ihnen materiell und gab ihnen Rat für ihre Ehe.

Der Traum des Pfarrers von Ars war ohne Zweifel der, seine Tage in der „Providence" beschließen zu können. Doch es kam anders. Im Jahre 1848 übernahmen Schwestern das Werk, das dem Pfarrer so sehr am Herzen lag. Sie schlossen das Waisenhaus, nur die Schule blieb bestehen.

Der Pfarrer wurde durch diese Maßnahme überrumpelt. Seit einiger Zeit war der Plan umgegangen, die „Providence" Ordensschwestern anzuvertrauen. Sie war zu sehr an die Person des Stifters gebunden, als daß sie nach seinem Tode hätte weiterleben können. Auch waren einige Familien nicht zufrieden, daß ihre Kinder mit Mädchen zusammen waren, die man irgendwo aufgelesen hatte. Außerdem wurde von den Leiterinnen das staatliche Examen verlangt. Vianney meinte, wenn man Schwestern brauchte, sollte man doch die derzeitigen Lehrerinnen nehmen. „Man braucht sie nur zu färben", sagte er in seiner ausdrucksstarken Sprache.

Doch der Bischof hielt es für vorteilhaft, die „Providence" den „Schwestern des heiligen Josef" zu übergeben. „Der Bischof sieht darin den Willen Gottes, aber ich sehe ihn darin nicht." Jedoch von dem Augenblick an, als der Bischof die Entscheidung fällte, nahm Vianney an, und zwar ohne Zögern. Ihm bedeutete die Autorität des Bischofs und der Kirche mehr als sein liebstes Werk und als sein tiefster Wunsch, sich in die Einsamkeit zurückziehen zu können.

In der „Providence" entstand auch das, was man später den „Elf-Uhr-Katechismus" nannte. Ein Mitbruder Vianneys hat die Einfachheit und Familiarität dieser Stunden in der „Providence" festgehalten: „Da waren in dem Saal brave Frauen mit ihren Spinnrocken, die Kinder des Hauses und, wenn ich mich recht entsinne, Hühner, die auf einem Brett hockten." Zu diesem ersten Auditorium gesellten sich, anfangs beinahe verstohlen, die Pilger und Besucher, die nach Ars zu strömen begannen. Der Saal der „Providence" wurde zu eng, und seit 1845 gab der Pfarrer den Katechismusunterricht in der Kirche. „Überzeugt von dem Segen, den dieser in den Seelen der Pilger bewirkte, hörte der gute Pfarrer auf, die Übung im Gebäude der ‚Providence' abzuhalten, um sie regelmäßig jeden Tag zur gleichen Stunde in der Pfarrkirche zu halten. Man kündete den Katechismus mit dem Läuten der Glocke an. Die Kinder der ‚Providence' wurden von ihren Lehrerinnen dorthin geführt. Für alle Pilger sowie für einige, manchmal auch zahlreiche Leute aus der Pfarrei war es eine Pflicht und eine Freude, daran teilzunehmen", schreibt Abbé Raymond.

Verweilen wir einen Augenblick bei der Christenlehre des Pfarrers von Ars, die ohne Zweifel eine große Anziehungskraft auf viele Leute ausübte.

Vianney legte mit Recht großen Wert auf das Wort Gottes und schätzte das, was wir heute Liturgie des Wortes nennen, sehr hoch ein. Er sagte: „Unser Herr, der die Wahrheit selbst ist, mißt seinem Wort nicht weniger Wert bei als seinem Leib. Ich weiß nicht, was schlimmer ist, während der Messe oder während der Glaubensunterweisung zerstreut zu sein. Ich sehe da keinen Unterschied. Während der Messe läßt man die Verdienste des Todes und des Leidens unseres Herrn verlorengehen, und während der Glaubensunterweisung versäumt man die Gnade seines Wortes, welches er selbst ist."

Er trug seine Predigten, die er tags zuvor auswendig gelernt hatte, mit Kraft und Überzeugung vor. In den ersten Jahren lächelte man im Dorf oder war auch gereizt über diesen Eifer. Er sprach zu laut und in einem etwas scharfen und unangenehmen Ton, er hatte Gedächtnislücken und mußte schon mal die Kanzel verlassen, ohne seine Ansprache zu Ende gebracht zu haben. Übrigens dauerte diese etwa eine Stunde. Als die Gräfin von Ars ihn einmal fragte, warum er so laut schreie bei der Predigt, antwortete er: „Wenn ich predige, habe ich es mit Leuten zu tun, die taub sind oder schlafen, aber wenn ich bete, habe ich es mit dem lieben Gott zu tun, und der liebe Gott ist nicht taub." In seinen Predigten findet man farbige, realistische Beschreibungen seiner Zuhörer. „Ihr seht sie den Kopf von einer Seite zur anderen drehen. Sie fragen ihren Nachbarn, wie spät es ist. Andere gähnen und räkeln sich, sie blättern in ihrem Buch, als wenn sie feststellen wollten, ob der Buchbinder irgendeinen Fehler gemacht hätte. Andere seht ihr schlafen wie in einem weichen Bett, und schließlich andere, denen das Wort Gottes, das so viele Sünder bekehrt hat, Beklemmung verursacht; sie müssen hinausgehen, sagen sie, um frische Luft zu schöpfen."

Vor einer Zuhörerschaft, die für übernatürliche Wirklichkeiten wenig Sinn hatte und zerstreut war, mußte sich seine Neigung zum Rigorismus verstärken. Vianney gab der Versuchung nach, Angst einzuflößen, und es gelang ihm nicht immer, die Gefahren einer solchen Methode zu vermeiden. Die Hörer an den Rand der Verzweiflung zu führen, um sie zu einer Änderung ihres Lebens zu bewegen und zu einem lebendigen Christsein zu erwecken, war eine recht verbreitete Methode unter dem Klerus jener Zeit, und Vianney machte sie mit: „Ah, mein Freund, ich möchte euch bis auf zwei Finger an den Rand der Verzweiflung heranführen können. Ihr sollt über den entsetzlichen Zustand, in dem ihr euch befindet, betroffen sein und die Mittel annehmen, die der liebe Gott auch heute euch anbietet, um diesem Zustand zu entkommen." Er sprach darum häufig über die Hölle, den Tod und das göttliche Gericht. Er stellte einen großen Katalog von schweren Sünden auf und multiplizierte die Zahl der Verdammten. „Wieviele Christen haben beim Herauskommen aus der Kirche dreißig oder vierzig Todsünden mehr als beim Hineingehen!" Und ein anderes Mal sagte er: „Ja, meine Kinder, unter hunderttausend Menschen, die schlecht gelebt haben, wird mit Mühe und Not einer sein, der einen guten Tod hat." – „Wieviele Seelen in der Hölle! ... Die Sünder stürzen ständig zu Tausenden hinein ... Wieviele Christen sind verloren, jetzt schon verloren!"

Es ist schwer, in diesen Übertreibungen den heiligen Pfarrer von Ars wiederzufinden. Sie brachten die Gefahr mit sich, feinfühlige Gewissen zu entmutigen und die Gläubigen zu verwirren. Im Lauf der Jahre milderte sich allerdings dieser Rigorismus. Die Liebe zu Gott wurde das Hauptthema seiner Unterweisungen. Die Begegnung mit dem menschlichen Elend half ihm, in seinen Urteilen zurückhaltender zu sein. Seine immer tiefere Einheit mit Gott drängte ihn, die Gottesliebe, die ihn erfüllte, an die anderen weiterzugeben. So erschien mehr und mehr das wahre Gesicht des Pfarrers von Ars, zu dessen Beichtstuhl und Kanzel Tausende von Pilgern strömten. Er war es, zu dem Pater Lacordaire, damals auf dem Gipfel seines Ruhmes als Kanzelredner, sagte: „Durch Sie habe ich den Heiligen Geist kennengelernt."[15] Diese Entwicklung Vianneys wird einstimmig bezeugt: „Gegen Ende seines Lebens bezogen sich seine Unterweisungen und Katechesen fast immer auf die Liebe Gottes. Manchmal begann er mit einem anderen Thema, und immer kam er wieder auf die Liebe zu sprechen, vor allem auf die Liebe und Güte des Herzens Jesu zu den Menschen." Abbé Raymond sagt: „Wenn Monsieur Vianney von der Liebe Gottes sprach, tat er das mit einer Freude und einer Liebe, die sogar aus seinem Gesicht strahlte. ‚Was für ein Glück, Gott zu lieben!' wiederholte er unaufhörlich. Der Diener Gottes kehrte in seinen Katechismusunterweisungen und Predigten immer wieder auf dieses Thema zurück. Ich kann sagen, daß ich ihn immer mit der gleichen Freude angehört habe, auch wenn er dasselbe Thema mit den gleichen Gedankengängen und den gleichen Ausdrücken wiederholte... Die Unterweisungen, bei denen sich sein Interesse am stärksten zeigte, waren die über das Gebet, über die Eucharistie, über die Liebe Gottes und über die Einheit mit Gott."

Die Zeit, in der er die am Vortag auswendig gelernte Predigt mit zu lauter Stimme vortrug, war vorbei. „Es geschah oft, daß der heilige Mann, vom Gefühl übermannt, nicht weiterkonnte." Er fand nicht mehr die Worte, um das auszudrücken, was ihn so tief bewegte; er konnte nur wiederholen: „Er ist da, er ist da", indem er mit der Hand auf den Tabernakel zeigte. Und die Leute waren erschüttert. Das war die Beredsamkeit des Pfarrers von Ars, die Beredsamkeit eines Mystikers.

Zweifellos war das eigentliche Charisma des Pfarrers von Ars das Beichthören. Die Erlaubnis dazu erhielt er erst ein Jahr nach seiner Priesterweihe. Anfangs war er sehr streng in der Beichte. In einer seiner Predigten lesen wir: „Man muß eine völlige Änderung an uns wahrnehmen, sonst haben wir die Lossprechung nicht verdient und haben Grund zu glauben, daß wir ein Sakrileg begangen haben ... Mein Gott, wieviele Sakrilegien! Ach, wenn doch nur unter dreißig Lossprechungen eine gültig wäre, wie bald hätte sich die Welt bekehrt!"

Lassen wir die Übertreibung des letzten Satzes beiseite, die auf das eigene Konto unseres Pfarrers geht, so war der Rigorismus im Beichtstuhl damals beim französischen Klerus üblich. Wenn Vianney manchmal Beichtende zurückschickte ohne Absolution und ihnen sagte, sie sollten ein andermal besser vorbereitet wiederkommen, so war das nichts Außergewöhnliches.

Auch hierin ließ seine Strenge mit der Zeit nach, so sehr, daß er sich den Tadel manches Mitbruders zuzog: „Man tadelt mich, die Bußen, die ich im Beichtstuhl aufgebe, seien nicht streng genug und ich würde den Beichtenden zu voreilig die Lossprechung geben. Aber kann ich wirklich streng sein gegen Leute, die von so weit her kommen, die große Opfer bringen, die oft gezwungen sind, heimlich den Weg hierher zu machen?" antwortete er darauf. Unerbittlich blieb er jedoch immer gegen die Gleichgültigen, die wenig Lust zeigten, Buße zu tun. Die Mittelmäßigkeit mancher Leute brachte ihn zum Weinen: „Ich weine darum, weil ihr nicht weint."

Hingegen war er besonders gütig gegen die großen Sünder, die oft von weither kamen mit dem ehrlichen Wunsch, ihr Leben zu ändern. Er nannte sie in seiner anschaulichen Sprache „die großen Fische". Catherine Lassagne schreibt: „Er liebte alle, aber er hegte eine besondere Zuneigung zu den großen Sündern. Er wußte ihr Herz anzurühren, manchmal drückte er sie an seine Brust, und sie bekehrten sich."

Seine Urteile waren abgewogen, seine Ratschläge klug und zurückhaltend. Er traf seine Entscheidungen schnell und klar. Aber er drängte sie nicht auf, sondern er sagte: „Ich würde es so machen." Wenn er eine Gewissensfrage nicht lösen konnte, gab er seine Unfähigkeit einfach zu und schickte den Betreffenden zu jemandem, den er für kompetent hielt.

Die Beichtenden waren mehr von der Person des Pfarrers selbst als von seinen Worten betroffen. Seine Stimme war, besonders in den letzten Jahren, schwach, und man konnte das, was er sagte, nur schwer verstehen. Oft genügte ein Seufzer, ein Blick, um das Leben eines Menschen von Grund auf zu ändern. Er besaß unter anderem in hohem Maß die „Gabe der Tränen". „Er weinte im Beichtstuhl. Manchmal konnten die Beichtenden ihn kaum verstehen, weil seine Stimme von Tränen erstickt war; manchmal waren die Tränen die einzige Ermahnung … Die härtesten Sünder brachten es nicht fertig, dem zu widerstehen" (Gräfin des Garets).

Der kleine Landpfarrer wurde bald bekannt. Der Ruf seiner Abtötungen und der Teufelsgeschichten [16] begann sich zu verbreiten, er ging über die Grenzen seiner Pfarrei und seiner Diözese hinaus, und nach und nach begann ein Strom von Menschen nach Ars zu ziehen. Sie wollten einen „Heiligen" sehen.

Zu dem Ruf des Pfarrers von Ars als Beichtvater trug in besonderer Weise die Mission von Trévoux bei, an der Vianney im Jahre 1823 teilnahm. Aus der Umgebung machten viele diese Mission mit, und unser Pfarrer war ein begehrter Beichtvater. Catherine Lassagne erzählt: „Sein Beichtstuhl war immer belagert, so sehr, daß eines Tages – ich denke, daß es ein schlecht gebauter Beichtstuhl war – die drängende Menge den Beichtstuhl mitsamt dem, der darin war, wegschob. Der Pfarrer selbst hat dieses Abenteuer erzählt: ,Man hat mich samt meinem Beichtstuhl versetzt.'"

Seit der Zeit verbreitete sich die Kunde vom Pfarrer von Ars als Beichtvater, und die Leute begannen nach Ars zu kommen. Zuerst in geringer Zahl, aber von Jahr zu Jahr wurden es mehr. „In den Jahren 1827–28 waren es täglich fünfzehn oder zwanzig Pilger", berichtet Jean Pertinand. Nach Abbé Renard wuchs besonders von 1830 bis 1835 die Zahl. Graf Garets schreibt 1834: „Bei meiner Ankunft konnte man im Jahr 30 000 Pilger zählen."

Es wurde notwendig, einen regelmäßigen Fahrdienst zwischen Trévoux und Ars und Villefranche und Ars einzurichten. 1840 wurde ein täglicher Fahrdienst Lyon–Ars eröffnet. Am Hauptbahnhof von Lyon wurden die Fahrkarten nach Ars an einem Sonderschalter verkauft. Die Rückfahrkarten galten länger als sonst, nämlich acht Tage, weil man in Ars eine Woche brauchte, um an die Reihe zu kommen.

Nun war die Last für Vianney bedrückend. Die Bewohner von Ars fragten sich schon, wie lange er eine solche Anstrengung aushalten würde. Im Jahre 1845 wurde Abbé Raymond Kaplan in Ars und übernahm die Sorge für die Pfarrei, ausgenommen die Krankenbesuche, die der Pfarrer bis zu seinem Lebensende selbst vornahm. Vianney war von 1835 an praktisch an seinen Beichtstuhl gebunden, und das bis zu seinem Tode. Er, der in seiner Jugend die reine Landluft eingeatmet hatte, der die Natur außerordentlich liebte, blieb dreiunddreißig Jahre lang in seinem „Käfig" eingeschlossen. Abbé Raymond, der ihn einen „Märtyrer des Beichtstuhls" nennt, schreibt: „Ich habe ihn nach 1840 in der guten Jahreszeit im Beichtstuhl bleiben sehen von ein oder zwei Uhr morgens bis zum Hereinbrechen der Nacht, außer der Zeit, die für die Feier der heiligen Messe, für das Breviergebet und seine bescheidenen Mahlzeiten bestimmt war. Während des Winters kam er gegen vier Uhr morgens und blieb, bis es Nacht wurde." So saß er bis zu fünfzehn oder siebzehn Stunden im Beichtstuhl.

Er schlief zwei oder drei Stunden. In den letzten Jahren fieberte er ständig. Ein trockener Husten schüttelte ihn, der Schweiß brach ihm aus. Die dämonischen Belästigungen füllten ihm den Kelch vollends. Doch immer, noch bei voller Nacht, kehrte er in den Beichtstuhl zurück. Der Körper – er nannte ihn seinen „Kadaver" – konnte kaum mehr. „Am Morgen bin ich gezwungen, mir zwei oder drei Geißelhiebe zu geben. Das weckt die Glieder auf, damit mein Kadaver wieder vorangeht." Gegen vier Uhr in der Frühe überkam ihn im Beichtstuhl oft der Schlaf für einige Augenblicke. Bisweilen, wenn ihn die Schwäche überkam, ließ er sich auf einen Stuhl fallen und sagte:

„Ach, es ist wirklich zum Lachen!" Augenblicke der Schwäche blieben auch beim Krankenbesuch oder während der Katechismusstunde nicht aus. Gräfin des Garets erzählt: „Einmal brach er, vom Schmerz überwältigt, zusammen und verschwand hinter der Kanzel. Als er nach einem kurzen Augenblick wieder erschien, da zeichnete er uns mit feurigen Strichen die Kraft und den Trost des Gebetes." Ein anderes Pfarrkind berichtet: „Als ich einmal krank war, kam er mich besuchen. Er war kränker als ich. Als er mein Zimmer verließ, brach er vor Müdigkeit und Schwäche zusammen." Trotz alledem setzte er seine Arbeit fort, in der oft drückenden Sommerhitze, in der verbrauchten Luft der Kirche. „Die Hitze im Beichtstuhl gibt mir eine Vorstellung von der Hölle", vertraute er Catherine Lassagne einmal an.

Im Winter quälte ihn die Kälte. Ein Zeuge sagt: „Manchmal wurde der Diener Gottes ohnmächtig, während er die Beichte hörte, sei es wegen der Kälte, sei es wegen seiner Krankheiten. Ich fragte ihn einmal: ‚Wie können Sie das so viele Stunden aushalten bei dieser Kälte, wo Sie nichts haben, um sich die Füße zu wärmen?' Und er: ‚O mein Freund, das hat einen guten Grund: Von Allerheiligen bis Ostern fühle ich meine Füße überhaupt nicht.'"

Im Juli des Jahres 1859, in seinem Todesjahr, war es besonders heiß. „Man konnte die Kirche von Ars nicht betreten", sagt Pierre Oriol, einer der Freiwilligen, die für Ordnung in der Kirche sorgten, „ohne daß man zu ersticken glaubte. Die Leute, die auf die Beichte warteten, gingen jeden Augenblick hinaus, um frische Luft zu schöpfen. Doch er verließ seinen Posten nicht. Er ertrug das Martyrium." Derselbe Zeuge fährt fort: „Am Tag vor seiner Erkrankung hörte Monsieur Vianney Beichte wie gewöhnlich, von 2 Uhr morgens bis um 7 Uhr abends. Dieser Dienst wurde nur unterbrochen durch die Zeit, die ihm zur Meßfeier diente, um das Brevier und die anderen Gebete zu beten und seine zwei bescheidenen Mahlzeiten zu sich zu nehmen. Er gönnte sich keinerlei Ruhe, trotz seiner Schmerzen und der außerordentlichen Hitze, die herrschte," Es war der 29. Juli, der letzte Tag seines öffentlichen Wirkens. Catherine Lassagne ergänzt die Notiz Oriols: „Er wurde mehrmals gezwungen, aus dem Beichtstuhl zu gehen und sich auf dem Hof auszuruhen. Am Abend kam er wieder herein mit Bruder Jérôme . . . Die Sonne war untergegangen. Er war sehr müde. Man sagte ihm, er sollte einen Augenblick hinausgehen, vielleicht würde ihm die frische Luft guttun. Er ging auch hinaus und lenkte seine Schritte zur Wohnung der Brüder hin.[17] Es war ihm nämlich nicht mehr möglich hinauszugehen, ohne von einer Menge von Leuten belagert zu werden, sobald sie ihn bemerkten. Doch sofort zog er sich zurück; er konnte vor Schwäche nicht mehr gehen. Wir ließen ihn allein, nicht ohne eine gewisse Sorge. Nach Mitternacht, etwa gegen ein Uhr, klopfte er, um mich zu rufen. Ich war als erste da und fragte, wie es ging. Er antwortete: ‚Es ist mein armseliges Ende; man soll den Pfarrer von Jassans rufen.' Dieser war sein Beichtvater."

Der Pfarrer von Ars verschied ohne Todeskampf, mit einem großen inneren Frieden am 4. August 1859 um 2 Uhr morgens.[18] Die Todesursache war physische Erschöpfung.

Gedanken des Pfarrers von Ars

GOTT IST DIE LIEBE

Meine Kinder, wie gut ist Gott! Was für eine Liebe hat er zu uns gehabt und hat sie noch! Erst im Himmel werden wir das richtig verstehen.

Für uns hat der liebe Gott die Sonne geschaffen, die uns leuchtet, das Feuer, das uns erwärmt, das Wasser, das wir trinken, das Getreide, das uns ernährt, und die Kleider, die uns bedecken.

Wir sind wie kleine Kinder, wir können nicht gehen auf dem Weg zum Himmel. Wenn die Hand des guten Gottes nicht immer da wäre, um uns zu halten, würden wir stolpern und fallen.

Gott verliert uns nicht aus dem Blick, so wie eine Mutter ihr Kind nicht aus dem Auge verliert, wenn es nur anfängt, den Fuß zu bewegen.

Man liebt eine Sache im Verhältnis zu dem Preis, den sie gekostet hat. Beurteilt von daher, was für eine Liebe unser Herr zu unserer Seele haben muß. Sie hat ihn ja sein ganzes Blut gekostet. Darum möchte er ihr nahe sein und hat Hunger nach Vereinigung mit ihr.

Gott hat uns erschaffen und in die Welt gesetzt, weil er uns liebt; und er will uns retten, weil er uns liebt.

Seine Liebe ist jeden Augenblick da und ist immer gleich stark.

Wie sich eine Mutter um ihr Kind sorgt, so ist Gott besorgt, uns Verzeihung zu gewähren, wenn wir ihn darum bitten.

Nicht der Sünder kehrt zu Gott zurück, um Vergebung zu erhalten, sondern Gott selbst läuft hinter dem Sünder her und bewegt ihn, zu ihm zurückzukehren.

Unser Herr ist auf der Erde wie eine Mutter, die ihr Kind auf dem Arm trägt. Das Kind ist böse, schlägt die Mutter, beißt und kratzt sie, aber die Mutter macht kein Aufhebens davon. Sie weiß, wenn sie es losläßt, wird es fallen, es kann ja nicht alleine laufen. Seht, wie unser Herr ist: Er erträgt unser böses Benehmen und alle unsere Anmaßungen; er vergibt uns alle unsere Dummheiten und hat Erbarmen mit uns trotz allem.

Die Barmherzigkeit Gottes ist wie ein Bach, der über die Ufer getreten ist. Die Herzen werden von ihr mitgerissen.

Gott ist so gut, daß er uns trotz der Beleidigungen, die wir ihm antun, gleichsam gegen unsern Willen in den Himmel bringt. Er ist wie eine Mutter, die ihr Kind auf dem Arm trägt, wenn sie an einem Abgrund vorbeigeht. Sie ist ganz damit beschäftigt, die Gefahr zu meiden, während ihr Kind nicht aufhört, sie zu kratzen und zu mißhandeln.

Jedesmal, wenn ich mich wegen der „Providence" beunruhige, bestraft mich der liebe Gott, indem er mir unerwartete Hilfe schickt.

Vor allem ist es das Vertrauen, das Gott von uns erwartet.

Unsere Vorbehalte lassen den Strom seines Erbarmens austrocknen, und unser Mißtrauen verhindert seine Gunsterweise.

Ihr werdet reich in dem Maße, wie ihr auf die Vorsehung zählt.

„Bittet und ihr werdet empfangen." Nur Gott kann solche Versprechungen machen und sie halten.

GOTT LIEBEN

Wie schön ist es, wie groß ist es, Gott zu kennen, ihn zu lieben und ihm zu dienen! Es ist das einzige, was wir in der Welt zu tun haben. Alles andere ist verlorene Zeit.

Gott hat uns auf die Erde gestellt, weil er sehen will, wie wir uns verhalten und ob wir ihn lieben. Aber niemand bleibt hier.

Der Mensch ist aus Liebe erschaffen worden, und darum ist er so sehr geneigt zu lieben.

Der Mensch, aus Liebe erschaffen, kann nicht ohne die Liebe leben. Entweder liebt er Gott, oder er liebt sich selbst und die Welt.

Wir können Gott nur lieben, wenn wir es ihm durch unsere Werke bezeugen.

Sucht eine wahre Liebe, die sich nicht nach außen hin zeigt, ihr werdet sie nicht finden.

Gott lieben mit ganzem Herzen, das heißt nichts lieben außer ihm und ihm in allem begegnen, was wir lieben.

Nicht jeder kann große Almosen an die Armen verteilen, in einen Orden eintreten, sich in eine Kartause oder in die Wüste zurückziehen; aber alle können Gott aufrichtig lieben.

Gott lieben, das heißt nicht nur, ihm mit dem Munde sagen: „Mein Gott, ich liebe dich." Gott mit ganzem Herzen, mit ganzer Seele und mit allen Kräften lieben, das heißt ihn allem vorziehen, bereit sein, eher seinen Besitz, seine Ehre und selbst das Leben zu verlieren, als ihn zu beleidigen. Gott lieben, das heißt nichts so sehr lieben wie ihn, nichts, was nicht zu ihm paßt, nichts, was unser Herz mit ihm teilt.

Ich denke oft, auch wenn es kein anderes Leben gäbe, wäre es schon ein recht großes Glück, Gott in diesem Leben zu lieben, ihm zu dienen und etwas zu seiner Ehre tun zu können.[19]

Wenn wir begreifen könnten, was für ein Glück es ist, Gott lieben zu können, wir würden ständig außer uns sein.

Nichts ist so geläufig unter den Christen wie das Wort: „Mein Gott, ich liebe dich." Doch nichts ist vielleicht so selten wie die Liebe zu Gott.

Sucht der Fisch die Bäume und die Wiesen auf? Nein, er schwimmt im Wasser. Bleibt der Vogel auf der Erde hocken? Nein, er fliegt empor in die Luft. Doch der Mensch, der geschaffen ist, um Gott zu lieben, um Gott zu besitzen, er liebt ihn nicht und wendet seine Zuneigung auf etwas anderes.

Solange ihr eueren Gott nicht liebt, werdet ihr nie zufrieden sein. Alles wird euch bedrücken, alles wird euch langweilen.

Außerhalb Gottes ist nichts von Dauer, nichts, nichts! Das Leben – es vergeht; das Glück – es zerbricht; unser Ansehen – es wird untergraben. Unser Leben vergeht in Windeseile.

Wie schnell geht alles dahin, stürzt alles nieder. Ach, mein Gott, wie sind jene zu bedauern, die ihr Herz an jedes Ding hängen! Sie tun es, weil sie sich selbst zu sehr lieben. Aber sie lieben sich nicht mit einer vernünftigen Liebe; sie lieben sich mit der Liebe zu sich selbst und zur Welt. Sie suchen sich selbst und die Geschöpfe mehr als Gott. Darum sind sie nie zufrieden, nie ruhig; immer sind sie voller Unruhe, gequält und verwirrt.

GEBET VON DER LIEBE GOTTES

Ich liebe dich, mein Gott, und mein einziger Wunsch ist, dich bis zum letzten Atemzug meines Lebens zu lieben. Ich liebe dich, du unendlich liebenswürdiger Gott, und ich will lieber in dieser Liebe sterben, als auch nur einen einzigen Augenblick ohne sie leben.
Ich liebe dich, Herr, und die einzige Gnade, um die ich dich bitte, ist die, dich ewig lieben zu dürfen.
Ich liebe dich, mein Gott, und ich sehne mich nur nach dem Himmel, um das Glück zu haben, dich vollkommen zu lieben.
Ich liebe dich, o mein unendlich guter Gott, und ich fürchte die Hölle nur, weil man dort nie den süßen Trost hat, dich zu lieben ...
Mein Gott, wenn mein Mund nicht jeden Augenblick sagen kann, daß ich dich liebe, so möchte ich, daß mein Herz es dir bei jedem Schlag wiederholt.
Mein Gott, gib mir die Gnade, zu leiden, indem ich dich liebe, und zu lieben, indem ich leide. Ich liebe dich, mein göttlicher Heiland, weil du für mich gekreuzigt worden bist; ich liebe dich, mein Gott, weil du mich hinieden gekreuzigt sein läßt für dich ...
Mein Gott, gib mir die Gnade, daß ich dich liebe in dem

Augenblick, wo ich sterbe, und laß mich dann wissen, daß ich
dich liebe. Mein Gott, je mehr ich meinem Ende näherkomme,
desto mehr laß meine Liebe wachsen und vollkommener werden.

DER WILLE GOTTES

Jesus Christus zeigt sich bereit, unsern Willen zu tun, wenn wir
anfangen, den seinen zu tun.

Gott liebt uns mehr als der beste Vater, mehr als die liebste
Mutter. Es genügt, daß wir uns seinem Willen unterwerfen und
uns ihm anheimgeben mit dem Herzen eines Kindes.

Um die Dinge gut zu machen, muß man sie so machen, wie
Gott sie will, in voller Übereinstimmung mit seinen Plänen.

Es gibt keine zwei Arten, unserem Herrn zu dienen, es gibt
nur eine: ihm zu dienen, wie er will, daß man ihm diene.

Man tut mehr für Gott, wenn man die Dinge selbst tut, ohne
Geschmack und Gefallen daran zu haben. Es ist möglich, daß
man mich wegjagt; trotzdem handle ich so, als wenn ich für
immer bleiben sollte.

Wenn wir Gott zeigen wollen, daß wir ihn lieben, müssen
wir seinen Willen tun.

Das einzig sichere Mittel, um Gott zu gefallen, ist, in allen
Lebensumständen seinem Willen unterworfen zu bleiben. Für
die einen ist es die Krankheit, durch die sie geprüft und

geläutert werden; für andere ist es die Armut; für diese ist es ihre Unwissenheit und die Verachtung, die ihnen unglücklicherweise seitens der Menschen zuteil wird; für jene sind es innere Schmerzen oder Gewissensbisse; für alle ist es das verschiedene und auf tausenderlei Weise gegenwärtige Leiden.

Was macht den eigentlichen Verdienst des religiösen Lebens aus? Daß man jeden Augenblick seinen eigenen Willen aufgibt. Das ist ein beständiger Tod dessen, was am lebendigsten in uns ist.

Das Leben einer armen Hausmagd, die keinen anderen Willen hat als den ihrer Herrschaft, kann – wenn sie diesen Verzicht auszunutzen versteht – Gott gewiß ebenso wohlgefällig sein wie das Leben einer Ordensfrau, die immer der Regel untersteht.

Man erkennt, daß die Liebe zu Gott echt ist, wenn sie sich durch Werke offenbart, die man ihm zuliebe tut.

Gott lieben heißt nicht, daß wir jeden Augenblick ein Gefühl der Zuneigung zu ihm verspüren. Solch ein Gefühl steht nicht immer in unserer Macht.

Wenn wir keine Tröstungen haben, dienen wir Gott um Gottes willen; wenn wir sie haben, sind wir in Gefahr, ihn um unseretwillen zu lieben.

DAS KREUZ

Wir beklagen uns, daß wir zu leiden haben. Wir haben aber mehr Grund zu klagen, wenn wir nicht leiden, denn nichts macht uns mehr unserem Herrn ähnlich. Wie schön ist die Einheit der Seele mit unserm Herrn Jesus Christus durch die Liebe zu seinem Kreuz!

Unser Herr ist unser Vorbild: Nehmen wir unser Kreuz und folgen wir ihm!

Wenn Gott uns Kreuze schickt, dann sind wir entmutigt, wir beklagen uns und murren. Am liebsten möchten wir immer in einer Wattepackung stecken, damit ja nichts Unangenehmes an uns herankommt.

Bei eurer Taufe habt ihr ein Kreuz empfangen, das ihr erst im Tode abgeben dürft.

Kann ein guter Christ ein anderes Leben führen als mit Jesus Christus, dem Gekreuzigten?

Wenn einer euch fragte: „Was muß ich tun, um reich zu werden?" würdet ihr ihm antworten: „Dann mußt du arbeiten." Gut, um in den Himmel zu kommen, muß man leiden.

Man braucht nie darüber nachzudenken, woher die Kreuze kommen. Sie kommen von Gott. Immer ist es Gott, der uns dieses Mittel gibt, unsere Liebe zu prüfen.

Das Kreuz ist das weiseste Buch, das wir lesen können. Jene, die dieses Buch nicht kennen, sind unwissend, auch wenn sie alle anderen Bücher kennen. Die wirklich Weisen sind nur die, die dieses Buch lieben, es um Rat fragen, es ergründen ... Je mehr man in seiner Schule ist, desto mehr will man darin bleiben. Die Zeit vergeht einem ohne Langeweile. Man weiß alles, was man wissen will, und man wird dessen nie überdrüssig, was man dort verkostet.

Die Menschen, die der Welt ergeben sind, beklagen sich, wenn sie Kreuze haben; die wahren Christen beklagen sich nur, wenn sie keine haben.

Auf dem Weg des Kreuzes ist nur der erste Schritt schwer.

Die Furcht vor dem Kreuz ist unser großes Kreuz.

Alles geht gut, wenn wir unser Kreuz gut tragen.

Es gibt zwei Arten zu leiden: leiden, indem man liebt, und leiden, ohne daß man liebt. Die Heiligen haben alle mit Geduld, Freude und Ausdauer gelitten, weil sie liebten. Wir leiden mit Zorn, Ärger und Widerwillen, weil wir nicht lieben. Wenn wir Gott liebten, wären wir glücklich, leiden zu können aus Liebe zu dem, der es auf sich genommen hat, für uns zu leiden.

Wer auf das Kreuz zugeht, der wandelt das Kreuz um. Er begegnet den Kreuzen vielleicht, aber er ist zufrieden, ihnen zu begegnen. Er liebt sie, er trägt sie mutig. Sie vereinigen ihn mit unserm Herzen. Sie reinigen ihn. Sie lösen ihn von dieser Welt. Sie nehmen die Hindernisse aus seinem Herzen, und sie helfen ihm über das Leben hinweg, wie eine Brücke hilft, über das Wasser hinwegzugehen.

Die meisten Menschen machen vor dem Kreuz kehrt und laufen ihm davon. Je mehr sie laufen, desto mehr verfolgt sie das Kreuz.

Wir müßten hinter dem Kreuz herlaufen, wie der Geizhals hinter dem Geld herläuft.

Weil wir Gott ein bißchen lieben, meinen wir, uns dürfte nichts in die Quere kommen, kein Leid dürfte uns treffen ... Wir begreifen den Wert und das Glück des Kreuzes nicht.

Ich verstehe nicht, wie ein Christ das Kreuz nicht lieben kann und vor ihm flieht! Heißt das nicht, gleichzeitig vor dem fliehen, der daran hängen und sterben wollte für uns?

Das Kreuz ist das Licht, das den Himmel und die Erde erleuchtet.

Man muß um Liebe zum Kreuz bitten, dann wird es süß. Ich habe Erfahrung darin. Vier oder fünf Jahre wurde ich verleumdet, man hat viel gegen mich geredet und Verwirrung angestiftet. Das war ein Kreuz! Es war fast mehr, als ich ertragen konnte. Dann fing ich an, um die Liebe zum Kreuz zu beten, und ich war glücklich. Ich sage das im Ernst: Da findet man das Glück und sonst nirgends.

Wenn man das Kreuz liebt, hat man keins, wenn man es nicht will, wird man von ihm erdrückt.

Das Kreuz! ... Das Kreuz ist es, das der Welt den Frieden gibt, das Kreuz ist es, das ihn in unser Herz tragen soll. All unser Elend rührt daher, daß wir das Kreuz nicht lieben. Die

Furcht vor dem Kreuz vermehrt das Kreuz. Ein Kreuz, einfach getragen und ohne daß die Eigenliebe sich einmischt, die die Schmerzen übertreibt, ist kein Kreuz, kein Leiden mehr.

Man muß schon zu einer gewissen Stufe der Vollkommenheit gelangt sein, um die Krankheit mit Geduld zu ertragen.

Wenn wir Gott nicht lieben, so kommt das daher, daß wir noch nicht auf der Stufe angelangt sind, wo uns alles Schwierige Freude macht.

WORAUF ES ANKOMMT

O Jesus, dich kennen heißt dich lieben! Wenn wir wüßten, wie sehr der Herr uns liebt, wir würden vor Freude sterben. Ich glaube nicht, daß es Herzen gibt, die so hart sind, nicht zu lieben, wenn sie sich so geliebt sehen ... Das einzige Glück, das wir auf Erden haben, ist, Gott zu lieben und zu wissen, daß Gott uns liebt.

Einheit mit Jesus Christus, Einheit mit dem Kreuz: Das ist das Heil!

Von Gott geliebt werden, vereint sein mit Gott ... In der Gegenwart Gottes leben, für Gott leben: o schönes Leben ... und schöner Tod! Alles unter dem Blick Gottes, alles mit Gott, alles um Gott zu gefallen ... Wie schön ist das!

Ein guter Christ, der Gott und den Nächsten liebt – und wenn man Gott liebt, liebt man den Nächsten –, seht, wie glücklich er ist! In seiner Seele ist der Friede; das Paradies auf Erden!

Unsere Liebe ist das Maß für die Herrlichkeit, die wir im Himmel haben werden.

Um in den Himmel zu kommen, mein Freund? Dazu sind die Gnade notwendig und das Kreuz.

LEBT IN DER LIEBE!

Und wäre einer heilig und könnte Wunder tun, fehlte ihm die Liebe, er käme nicht in den Himmel.

Betet für die Sünder! Das ist das schönste und nützlichste aller Gebete. Denn die Gerechten sind ja auf dem Weg zum Himmel, die Seelen im Fegfeuer sind sicher hineinzukommen, aber die armen Sünder . . ., die armen Sünder . . . Alle Gebete sind gut, aber es gibt kein besseres als dieses.

Wenn der Teufel Gedanken des Hasses in uns erweckt gegen die, die uns Böses getan haben, dann gibt es ein Mittel, ihn abzuwehren, nämlich sofort für sie zu beten. So kann man das Böse durch das Gute besiegen; so machen es die Heiligen.

Oft glauben wir, einem Armen zu helfen, und in Wirklichkeit helfen wir unserem Herrn selbst.

Manch einer sagt: Der verwendet schlecht, was ich ihm gebe! Soll der Arme doch damit machen, was er will; er muß über den Gebrauch eures Almosens Rechenschaft ablegen und ihr über das Almosen, das ihr hättet geben können und das ihr nicht gegeben hat.

Eure Güter sind nichts als eine Leihgabe, die Gott in eure Hände gelegt hat. Nach dem, was ihr nötig habt und was eure Familie braucht, gehört das übrige den Armen.

Ohne die kostbare Tugend der Liebe ist unsere Frömmigkeit nur Einbildung.

Wenn wir wollen, daß Gott uns vergibt, müssen wir unsern Feinden vergeben.

Wer von diesen beiden leidet mehr: Wer sofort und aus ganzem Herzen um Gottes willen vergibt, oder wer Gefühle des Hasses gegen seinen Nächsten in sich nährt?

Sucht nicht allen zu gefallen. Sucht nicht einigen zu gefallen. Sucht Gott zu gefallen!

Das unterscheidende Kennzeichen der Auserwählten ist die Liebe; das Kennzeichen der Verworfenen ist der Haß. Kein Verworfener liebt einen anderen Verworfenen ... Die Heiligen lieben alle, sie lieben vor allem ihre Feinde.

BETRÜBT NICHT DEN HEILIGEN GEIST!

Ein Christ, geschaffen nach dem Bilde Gottes, erlöst mit dem Blut eines Gottes; ein Christ, Gegenstand des Wohlgefallens der drei göttlichen Personen; ein Christ, dessen Leib der Tempel des Heiligen Geistes ist: Siehe da, was durch die Sünde entehrt wird!

Einen Gott zu beleidigen, der uns erschaffen und der uns nur Gutes getan hat, das ist der Gipfel der Undankbarkeit.

Wenn man an die Undankbarkeit des Menschen gegen Gott denkt, möchte man ans andere Ufer des Weltmeeres gehen, um es nicht zu sehen. Es ist schrecklich. Wenn Gott wenigstens nicht so gut wäre! Aber er ist so gut!

Ein Mensch im Stande der Sünde ist immer traurig. Was er auch anfängt, alles ödet ihn an, nichts macht ihm Freude.

Seht da einen, der sich abquält, sich anstrengt, der von sich reden macht, der alles zu sagen haben will, der sich etwas zutraut, der zur Sonne zu sagen scheint: „Mach mir Platz, laß mich die Welt an deiner Stelle erleuchten!" Eines Tages wird von diesem stolzen Menschen nur ein Häufchen Asche übrig sein, die flußabwärts getrieben wird bis zum Meer.

Ein hochmütiger Mensch glaubt, daß er alles richtig macht. Er will über alle herrschen, mit denen er zu tun hat, er hat immer recht. Er glaubt immer, seine Ansicht sei besser als die der andern.

Mein Gott, wie blind ist der Mensch, wenn er sich zu irgend etwas fähig hält!

Der Stolze tut immer so, als ob er sich gering einschätzte. Er möchte nämlich gern gelobt werden.

Was würdet ihr von einem Mann sagen, der das Feld seines Nachbarn pflügte und sein eigenes ungepflügt liegen ließe? Seht, so macht ihr es selbst. Ihr stöbert ständig im Gewissen der anderen herum, und um euer eigenes kümmert ihr euch nicht.

Nichts beleidigt Gott so sehr, als wenn man an seiner Barmherzigkeit zweifelt.

Da sagt einer: „Ich habe zuviel Böses begangen, Gott kann mir nicht verzeihen." Das ist eine große Lästerung. Damit setzt man der Barmherzigkeit Gottes eine Grenze, wo sie doch keine hat, da sie ja unendlich ist.

Da gibt es welche, die von einem einzigen Wort umgeworfen werden. Eine kleine Demütigung läßt ihr Boot umkippen ... Mut, meine Brüder, Mut!

Wieviele Lügen, um einer kleinen Demütigung zu entgehen!

Der Neidische will immer höher hinaus, der Heilige will sich immer mehr erniedrigen. So sinkt der Neidische immer tiefer, und der Heilige steigt empor.

Die Zunge des Verleumders ist wie ein Wurm, der die guten Früchte ansticht.

Der Verleumder ist der Schnecke ähnlich, die über die Blumen kriecht und sie mit ihrem Schleim besudelt.

Die Tiere haben oft mehr Menschlichkeit als gewisse Menschen.

Ich finde nichts so bemitleidenswert wie die Reichen, die Gott nicht lieben.

Ein lauer Mensch denkt nicht daran, sich zu ändern, weil er glaubt, mit Gott auf gutem Fuß zu stehen.

Gott ist es nicht, der uns verurteilt, wir sind es selbst mit unsern Sünden. Die Verdammten klagen nicht Gott an, sie klagen sich selbst an.

Noch nie ist einer verdammt worden, weil er zuviel Böses getan hat.[20]

AUS DEM GLAUBEN LEBEN

Der Mensch ist nicht nur ein Arbeitstier, er ist auch ein nach dem Bilde Gottes geschaffener Geist. Er hat nicht nur materielle Bedürfnisse und niedrige Wünsche, er hat die Bedürfnisse der Seele und die Wünsche des Herzens. Er lebt nicht nur vom Brot, er lebt vom Gebet, vom Glauben, von Anbetung und Liebe.

Geht von Welt zu Welt, von Reich zu Reich, von Reichtümern zu Reichtümern, von Vergnügen zu Vergnügen, ihr findet das Glück nicht mehr. Die ganze Erde kann eine unsterbliche Seele nicht mehr befriedigen, als eine Handvoll Mehl einen Hungernden sättigen kann.

Wir sind in dieser Welt, aber wir sind nicht von dieser Welt, denn wir sagen alle Tage: „Vater unser im Himmel". Wir müssen also unseren Lohn erwarten, wenn wir zu Hause sein werden, im Hause des Vaters.

Die Menschen ohne Glauben sind blinder als die, die keine Augen haben. Wir sind in dieser Welt wie in einem Nebel; der Glaube verscheucht diesen Nebel und läßt eine schöne Sonne auf unsere Seele leuchten.

Die Erde ist zu niedrig, sie ist zu arm für das Herz des Menschen. Der Himmel in seiner Unermeßlichkeit, der gute Gott mit seiner Liebe, sie allein können die unendlichen Wünsche dieses Herzens erfüllen, das nur für die Liebe geschaffen ist.

Die Seele kann sich nur von Gott ernähren. Nur Gott genügt ihr, nur Gott kann sie ausfüllen, nur Gott ihren Hunger stillen!

Die Standhaftigkeit

Im Kampf und in der Annahme der Schmerzen, die er uns schickt, geben wir Gott einen Beweis unserer Liebe.

Es war einmal eine große Heilige, ich glaube, es war die heilige Teresa, die sich nach der Versuchung bei unserem Herrn beklagte. Sie sagte zu ihm: „Wo warst du, mein liebster Jesus, wo warst du während dieses schrecklichen Unwetters?" Unser Herr gab ihr zur Antwort: „Ich war im Innersten deines Herzens und freute mich, dich kämpfen zu sehen."

Wenn ihr vom Hochmut versucht werdet, opfert die Versuchung auf, um die Demut zu erlangen; bei unehrenhaften Gedanken, um die Reinheit, bei Gedanken gegen euern Nächsten, um die Liebe zu erlangen. Opfert auch die Versuchungen auf, um die Bekehrung der Sünder zu erbitten. Das ärgert den Teufel, weil die Versuchung sich gegen ihn wendet.

Wie der gute Soldat keine Angst hat vorm Kampf, so darf der gute Christ keine Angst haben vor der Versuchung. In der Kaserne sind alle Soldaten gut, auf dem Schlachtfeld merkt man den Unterschied zwischen den tapferen und den feigen.

Seht, wie der Teufel sich gewöhnlich bei den Sündern verhält, die zu Gott zurückkehren. Er läßt sie die Süßigkeiten der ersten Augenblicke ihrer Bekehrung verkosten, weil er gut weiß, daß er jetzt nichts gewinnen würde; sie sind zu begeistert. Er wartet einige Monate, bis ihr Eifer vergangen ist. Dann bringt er sie dazu, das Gebet und die Sakramente zu vernachlässigen, und er greift sie mit verschiedenen Versuchungen an. Dann kommen die großen Kämpfe; dann muß man vor allem um die Gnade beten, daß man sich nicht umwerfen läßt.

Drei Dinge sind absolut notwendig gegen die Versuchungen: das Gebet, um uns zu erleuchten, die Sakramente, um uns zu stärken, und die Wachsamkeit, um uns zu behüten.

Der Teufel kommt nur, wenn wir die Gegenwart Gottes verlieren, weil er weiß, daß er sonst nichts gewinnen würde.

Man darf nicht auf den Teufel hören, der uns immer, nachdem er uns zum Bösen verführt hat, in die Verzweiflung zu stürzen versucht.

Die Prüfungen machen deutlich, wie sehr ein Werk Gott wohlgefällig ist.

Nur die Kreuze geben uns Sicherheit am Tage des Gerichts. Wie froh werden wir dann sein über unsere Schmerzen und die Demütigungen, wie reich durch unsere Opfer!

Was für ein weiser und wahrer Christ ist der, der die Unannehmlichkeiten seines Lebens mit Ruhe und Gelassenheit zu ertragen versteht. Das ist der Weg der Heiligkeit und der Glückseligkeit und unser Ruhmestitel im Himmel. Denn alle Menschen hier unten, vom Herrscher bis zum Hirten, von der Herrlichkeit des Befehlenden bis zur Demut des Untergebenen – die so glorreich ist vor Gott –, alle Menschen leiden auf tausend verschiedene Weisen, die Reichen wie die Armen, die Weisen wie die Unwissenden, die Gesunden wie die Kranken, mit einem Wort, alle.

DIE KRAFT DES HEILIGEN GEISTES

Der Heilige Geist ist der Führer der Seele, ohne ihn kann sie nichts. Die von ihm erfüllte Seele ist wie eine Traube, aus der ein süßer Saft quillt, wenn sie ausgepreßt wird. Ohne den Heiligen Geist ist die Seele wie ein Kieselstein, aus dem man nichts herausbringt.

Die sich vom Heiligen Geist leiten lassen, haben richtige Ideen und Vorstellungen. Es gibt darum viele Ungebildete, die klüger sind als die Gebildeten.

Ein Christ, der vom Heiligen Geist geführt wird, hat es nicht schwer, die Güter dieser Welt zu lassen, um einen Schatz im Himmel zu erwerben. Er kennt den Unterschied.

Wenn uns gute Gedanken kommen, ist es der Heilige Geist, der uns besucht.

Der Heilige Geist ist wie ein Gärtner, der unsere Seele bearbeitet.

Es genügt, daß wir ja sagen und uns von ihm führen lassen.

Wer den Heiligen Geist besitzt, verspürt eine Freude am Gebet, so daß er die Zeit immer zu kurz findet. Er verliert nie die heilige Gegenwart Gottes.

Wie die Erde nichts hervorbringen kann, wenn die Sonne sie nicht fruchtbar macht, so können wir nichts Gutes tun ohne die Gnade Gottes.

Mit dem Heiligen Geist sieht man alles groß. Man sieht, wie groß die kleinsten Dinge sind, die für Gott getan werden, und man sieht, wie groß die kleinsten Fehler sind.

Wer den Heiligen Geist besitzt, kann sich selbst nicht ausstehen, so sehr erkennt er sein eigenes Elend und seine Erbärmlichkeit.

Wenn der Heilige Geist eine Sache will, dann gelingt sie immer.

DAS GEBET

Ja, mit einem guten Gebet können wir Himmel und Erde befehlen. Alles wird uns gehorchen.

Wenn ihr unfähig seid zu beten, dann versteckt euch hinter euerem Engel und beauftragt ihn, an eurer Stelle zu beten.

Wir müssen eher das Atmen aufgeben, als daß wir die Gegenwart Gottes verlieren.

Es ist nicht nötig, viele Worte zu machen, um gut zu beten. Man weiß, daß der liebe Gott da ist, im heiligen Tabernakel; man öffnet ihm das Herz, und man ist froh in seiner heiligen Gegenwart. Ja, das ist das beste Gebet.

Wenn ich bete, stelle ich mir Jesus vor, wie er zu seinem Vater betet.

Gott liebt es, belästigt zu werden.

Man muß ganz einfach beten und sagen: Mein Gott, du kennst meine arme Seele, die nichts hat, die nichts kann; gib mir die Gnade, dir zu dienen und zu erkennen, daß ich nichts bin.

Der liebe Gott braucht uns nicht. Wenn er uns befiehlt zu beten, dann deswegen, weil er unser Glück will, weil wir unser Glück nur so finden können.

Wenn wir uns vor dem heiligen Sakrament befinden, schließen wir unsere Augen und unseren Mund. Wir öffnen unser Herz, und Gott öffnet das seine. Wir gehen zu ihm, er kommt zu uns; der eine, um zu bitten, und der andere, um zu empfangen. Es ist wie ein Hauch vom einen zum andern.

SEID WÜRDIG EURER BERUFUNG!

Gott schaut mit Liebe auf eine reine Seele und gewährt ihr alles, um was sie ihn bittet. Wie könnte er auch einer Seele widerstehen, die nur für ihn, durch ihn und in ihm lebt? Sie sucht ihn, und Gott zeigt sich ihr; sie ruft, und Gott kommt. Sie ist ganz eins mit ihm. Sie bindet sich an seinen Willen.

Man kann die Macht, die eine reine Seele über Gott hat, nicht begreifen. Nicht sie ist es, die den Willen Gottes tut, sondern Gott ist es, der den ihren tut.

Eine reine Seele ist wie eine schöne Perle. Solange diese in einer Muschel verborgen ist auf dem Grunde des Meeres, denkt niemand daran, sie zu bewundern. Aber wenn ihr sie in die Sonne haltet, dann leuchtet sie auf und zieht die Blicke auf sich. So ist es mit der reinen Seele, die jetzt verborgen ist vor den Augen der Welt: Eines Tages wird sie leuchten vor den Engeln, im Licht der Ewigkeit.

Je mehr die Gerechten in der Unschuld sind, desto mehr erkennen sie ihre Armut und ihr Elend und üben die Demut, ohne die man nicht in den Himmel kommen kann.

Die Demut ist wie die Kette im Rosenkranz: Wenn die Kette reißt, fallen die Perlen weg; wenn die Demut weicht, verschwinden alle Tugenden.

Mit der Demut ist es wie mit einer Waage: Je mehr man sich an der einen Seite erniedrigt, desto mehr wird man an der anderen erhöht.

Ein Heiliger wurde gefragt, welches die erste Tugend sei. „Es ist die Demut", antwortete er. Und die zweite? „Die Demut". Und die dritte? „Die Demut".

Die Demut entwaffnet die Gerechtigkeit Gottes.

Eine reine Seele ruft die Bewunderung der drei Personen der heiligsten Dreifaltigkeit hervor. Der Vater betrachtet sein Werk:

„Schau, das ist mein Geschöpf!" Der Sohn betrachtet darin den Preis seines Blutes; man erkennt den Wert eines Gegenstandes an dem Preis, den er gekostet hat ... Der Heilige Geist wohnt in ihr wie in einem Tempel.

Je mehr man sich arm macht aus Liebe zu Gott, desto mehr wird man in Wirklichkeit reich.

Nicht alle, die die Sakramente empfangen, sind heilig, doch die Heiligen sind immer unter denen, die häufig die Sakramente empfangen.

Die Heiligen sind wie kleine Spiegel, in denen Jesus Christus sich selbst betrachtet.

In seinen Aposteln betrachtet Jesus seinen glühenden Eifer für die Rettung der Seelen. In den Märtyrern betrachtet er seine Geduld, seine Leiden und seinen schmerzhaften Tod. In den Einsiedlern sieht er sein unbekanntes und verborgenes Leben. In den Jungfrauen bewundert er seine makellose Reinheit, und in allen Heiligen seine grenzenlose Liebe. Wenn wir also die Tugenden der Heiligen betrachten, bewundern wir nichts anderes als die Tugenden Jesu Christi.

Die Heiligen haben nicht alle gut angefangen, aber sie haben alle gut geendet.

Die Heiligen sind nicht alle in gleicher Weise heilig. Es gibt Heilige, die hätten mit anderen Heiligen nicht zusammenleben können ... Nicht alle gehen denselben Weg. Jedoch kommen alle an demselben Ziel an.

Man kann ganz gut sein hier auf Erden, ja sogar heilig, wenn man alles so annimmt, als wenn es unmittelbar aus der Hand Gottes käme. Jene, die in den andern Christen, ihren Brüdern, Feinde sehen, handeln verkehrt. Jesus Christus machte es nicht so am Tage seines Leidens.

DIE HEILIGE KOMMUNION

Kommt zur Kommunion, kommt zu Jesus, kommt, um von ihm zu leben und dann für ihn zu leben.

Um zu leben, brauchen alle Geschöpfe Nahrung. Darum hat Gott die Bäume und die Pflanzen wachsen lassen. Sie sind ein schöner, wohlgedeckter Tisch, an dem alle Tiere die für sie passende Nahrung holen kommen. Doch auch die Seele braucht ihre Nahrung ... Als Gott unserer Seele eine Nahrung geben wollte, um sie auf der Pilgerfahrt ihres Lebens zu erhalten, da ließ er seinen Blick über die Schöpfung gehen, doch er fand nichts, was ihrer würdig gewesen wäre. Da schaute er auf sich selbst und beschloß, sich selbst zu geben ... O meine Seele, wie groß bist du, daß nur Gott dich zufriedenstellen kann!

„Was ihr vom Vater erbitten werdet, das wird er euch in meinem Namen geben" (Joh 16,23). Nie hätten wir daran gedacht, Gott um seinen eigenen Sohn zu bitten. Aber was der Mensch nicht sagen oder ersinnen kann, das hat Gott in seiner Liebe gesagt, sich ausgedacht und ausgeführt. Hätten wir jemals gewagt, Gott zu sagen, er sollte seinen Sohn für uns sterben lassen, um uns sein Fleisch zur Speise, sein Blut zum Trank zu geben? Wenn das alles nicht wahr wäre, dann hätte sich also der Mensch Dinge ausdenken können, die Gott nicht tun kann. Er wäre weiter gegangen in den Erfindungen seiner Liebe als Gott. Doch das ist nicht möglich.

Wenn unser Herr kommt, um in einer Seele zu wohnen, dann freut er sich, und er erfüllt die Seele mit Freude und Glück. Und er teilt ihr jene großmütige Liebe mit, in der sie alles tun und alles leiden will, um ihm zu gefallen.

Sagt nicht, ihr seid seiner nicht würdig. Es ist wahr, ihr seid seiner nicht würdig, aber ihr braucht ihn.

Wenn unser Herr an unsere Würdigkeit gedacht hätte, hätte er nie das Sakrament seiner Liebe eingesetzt. Denn niemand in der Welt ist dessen würdig. Aber er dachte an unsere Bedürftigkeit, und wir haben ihn alle nötig.

Es ist ein großes Unglück, wenn man durch die Wüste dieses Lebens geht, ohne zu dieser göttlichen Speise zu eilen. Das ist so, als wenn einer vor Hunger stirbt neben einem wohlgedeckten Tisch.

MARIA

Gott konnte eine bessere Welt erschaffen als diese, die jetzt existiert, aber er konnte kein besseres Geschöpf ins Leben rufen als Maria.

Der Vater sieht mit Wohlgefallen auf das Herz der heiligsten Jungfrau, weil es das Meisterwerk seiner Hände ist.

Nachdem uns Jesus Christus alles übrige gegeben hatte, was er uns geben konnte, wollte er uns noch zu Erben des Kostbarsten machen, was es gibt, und das ist seine heilige Mutter.

Alle Heiligen haben eine große Verehrung für die heilige Jungfrau. Keine Gnade kommt vom Himmel, außer durch ihre Hände.

Wir können uns mit großem Vertrauen an die heilige Jungfrau wenden, denn sie ist immer für uns da und achtet auf uns.

Wenn man wissen will, was der Wille Gottes ist, so ist das Gebet zu unserer guten Mutter das sicherste Mittel dazu.

Die heiligste Jungfrau steht zwischen ihrem Sohn und uns. Je mehr wir Sünder sind, desto mehr Liebe und Mitleid hegt sie für uns. Das Kind, das der Mutter die meisten Tränen gekostet hat, ist ihrem Herzen das liebste. Eilt eine Mutter nicht immer zu dem schwächsten und entferntesten Kind?

Das Herz dieser Mutter ist nur Liebe und Barmherzigkeit. Sie wünscht einzig, uns glücklich zu sehen. Man braucht sich nur an sie zu wenden, und man wird erhört.

STEINE IM MOSAIK

Ihr seid nicht nur Brüder, sondern, was das Schönste ist, ihr bildet alle einen einzigen Leib mit Jesus Christus, dessen Fleisch und dessen Blut euch jeden Tag als Speise dienen.

Die Sakramente, die unser Herr eingesetzt hat, hätten uns nicht gerettet ohne den Heiligen Geist. Ohne ihn hätte uns sogar der Tod unseres Herrn nichts genützt.

Wie ein Architekt die Steine in einem Gebäude einsetzt, so wird Gott einen jeden von uns an der Stelle einsetzen, die ihm zukommt.

In der Seele, die mit Gott vereint ist, ist immer Frühling.

Der Priester ist nicht Priester für sich selbst. Er gibt sich nicht die Lossprechung, er spendet sich nicht die Sakramente. Er ist nicht für sich selbst, er ist für euch da.

Wenn ihr an einer Kirche vorbeikommt, geht hinein, um unseren Herrn zu grüßen. Man kann nicht an der Tür eines guten Freundes vorbeigehen, ohne ihm Guten Tag zu sagen.

Wenn wir auf Reisen sind und einen Kirchturm sehen, dann muß uns das Herz klopfen, wie das Herz der Braut klopft, wenn sie das Dach sieht, unter dem ihr Geliebter wohnt.

O schöne Einheit der Kirche hier auf der Erde mit der Kirche des Himmels . . . Wie die heilige Teresa sagt: „Wir sind eins, ihr triumphierend, wir kämpfend, um Gott zu verherrlichen."

Das sicherste Mittel, um das Feuer der Liebe zu Jesus im Herzen der Gläubigen zu entzünden, ist, ihnen das Evangelium zu erklären. In diesem Buch der Liebe zeigt sich unser Herr in jeder Zeile in seiner liebenswürdigen Güte, in seiner Geduld und Demut. Immer ist er der Tröster und Freund des Menschen, nur von Liebe spricht er mit ihm und drängt ihn, sich ganz ihm zu geben, und er antwortet ihm nur mit Liebe.

Erschreckt nicht über eure Bürde. Unser Herr trägt sie mit euch. Wenn er einer jungen Mutter viele Kinder gibt, dann will er sagen, daß er sie für würdig hält, sie zu erziehen. Es ist ein Zeichen des Vertrauens von seiner Seite. Macht es so, daß eure Kinder sich eines Tages viel mehr an das erinnern, was sie euch haben tun sehen, als an das, was ihr ihnen gesagt habt.

Jesus, ich vereinige meine Schmerzen mit den deinen, meine Leiden mit den deinen. Gib mir die Gnade, daß du mich immer zufrieden findest in den Umständen, in die du mich hineingestellt hast. Ich will deinen heiligen Namen in allem, was mir zustoßen wird, preisen.

Glücklich sind nur die Menschen in dieser Welt, die den Frieden der Seele haben. Inmitten der Schmerzen des Lebens erfahren sie die Freude der Kinder Gottes.

Die Pracht dieser Welt, die Jugend, der Reichtum, alles das vergeht wie die Blume auf der Wiese.

Beim Tode ist man oft noch wie eine rostige Eisenklinge, die im Feuer umgeschmolzen werden muß.

Auszüge aus seinen Predigten

Um euch die Macht des Gebets und die Gnaden, die es vom Himmel herabzieht, zu zeigen, will ich euch sagen, daß die Gerechten nur durch das Gebet das Glück gehabt haben, auszuhalten. Das Gebet ist für unsere Seele, was der Regen für das Land ist. Düngt ein Land, soviel ihr wollt, wenn der Regen fehlt, nützt eure ganze Arbeit nichts. Ebenso tut gute Werke, soviel ihr wollt, wenn ihr nicht oft und wie es sich gehört betet, werdet ihr nie gerettet werden. Das Gebet öffnet die Augen unserer Seele, es läßt uns die Größe unseres Elends fühlen, es zeigt uns, daß wir uns an Gott um Hilfe wenden müssen und läßt uns unsere Schwäche fürchten.

Der Christ rechnet bei allem auf Gott allein und nicht auf sich selbst. Ja, durch das Gebet haben alle Gerechten durchgehalten ... Im übrigen bemerken wir selbst, daß wir sofort den Geschmack an den Dingen des Himmels verlieren, kaum daß wir unsere Gebete unterlassen. Wir denken dann nur an die Erde. Wenn wir aber das Gebet wieder aufnehmen, fühlen wir den Gedanken an die Dinge des Himmels und den Wunsch nach ihnen wieder wachwerden. Ja, wenn wir das Glück haben, in der Gnade Gottes zu sein, dann halten wir uns entweder an das Gebet, oder wir werden sicher nicht lange auf dem Weg des Himmels verbleiben.

An zweiter Stelle sagen wir, daß alle Sünder ihre Bekehrung nur dem Gebet verdanken, abgesehen von einem außerordentlichen Wunder, das nur selten geschieht. Seht die heilige Monika, was sie tut, um die Bekehrung ihres Sohnes zu erlangen: Einmal kniet sie zu Füßen ihres Kruzifixes, um zu beten und zu weinen, ein andermal geht sie zu weisen Personen, um die Hilfe ihrer Gebete zu erbitten. Schaut auf den heiligen Augustinus selbst, als er sich ernsthaft bekehren wollte ...

Ja, wären wir noch so schwere Sünder und wir nähmen Zuflucht zum Gebet und würden beten, wie man beten muß, Gott würde uns ganz sicher vergeben.

Ach, meine Brüder, wundern wir uns nicht über die Tatsache, daß der Teufel alles tut, was er kann, damit wir unsere Gebete unterlassen oder schlecht verrichten. Er versteht viel mehr als wir, wie sehr das Gebet in der Hölle gefürchtet wird und daß Gott unmöglich verweigern kann, was wir von ihm durch das Gebet erbitten.

Es sind nicht die schönen und nicht die langen Gebete, auf die Gott achtet, sondern jene, die aus dem Grunde des Herzens kommen, mit einer großen Ehrfurcht und einer wahren Sehnsucht, Gott zu gefallen. Hier ein schönes Beispiel dafür. Im Leben des heiligen Bonaventura, des großen Lehrers der Kirche, wird berichtet, daß ein recht einfacher Ordensmann ihm sagt: „Pater, denken Sie, daß ich zu Gott beten und ihn lieben kann, wo ich so ungebildet bin?" Der heilige Bonaventura gab ihm zur Antwort: „Ach, mein Freund, solche Leute liebt Gott besonders, und sie gefallen ihm am meisten." Der brave Ordensmann war ganz verwundert über diese gute Nachricht. Er stellte sich an die Klosterpforte und sagte zu allen, die er vorbeigehen sah: „Kommt, Freunde, ich habe eine gute Nachricht für euch. Der gelehrte Bonaventura hat mir gesagt, daß wir alle, auch wenn wir ungebildet sind, Gott lieben können so gut wie die Gelehrten. Was für ein Glück für uns, daß wir Gott lieben und ihm Freude bereiten können, ohne gelehrt zu sein." Darum sage ich euch, es gibt nichts Leichteres, als zu Gott zu beten, und es gibt auch nichts Tröstlicheres.

Das Gebet, so sagt man, ist eine Erhebung des Herzens zu Gott. Besser sagen wir, es ist das süße Gespräch eines kleinen Kindes mit seinem Vater, eines Untergebenen mit seinem König, eines Sklaven mit seinem Herrn, eines Freundes mit seinem Freund, in dessen Herz er seinen Kummer und seine Schmerzen hineingibt.

(Zum 5. Sonntag nach Ostern)

FASTEN, ALMOSENGEBEN UND BETEN

Wir lesen in der Heiligen Schrift, wie der Herr zu seinem Volk von der Notwendigkeit sprach, gute Werke zu tun, um ihm zu gefallen und zur Zahl der Heiligen zu gehören: Die Dinge, die ich von euch verlange, gehen nicht über eure Kräfte. Um sie zu tun, braucht man sich nicht zu den Wolken erheben und nicht die Meere durchqueren. Alles, was ich euch gebiete, ist sozusagen in Reichweite, in euerm Herzen und um euch. – Ich kann dasselbe wiederholen: Wir werden sicher nie in den Himmel kommen, wenn wir keine guten Werke tun. Aber erschrecken wir nicht: Das, was Jesus von uns fordert, sind keine außerordentlichen Dinge, sie gehen nicht über unser Vermögen. Er verlangt von uns nicht, den ganzen Tag in der Kirche zu sein oder große Bußwerke zu tun, bis wir uns die Gesundheit ruinieren. Auch brauchen wir unsere ganze Habe nicht den Armen zu geben, wenn wir auch verpflichtet sind, den Armen zu geben, was wir können, und zwar aus Liebe zu Gott, der uns das befiehlt, und um Buße zu tun für unsere Sünden. Auch müssen wir in vielen Dingen die Abtötung üben und unsere Neigungen bezähmen ...

Aber, so werdet ihr mir sagen, es gibt mehr als einen, der nicht fasten kann, andere können kein Almosen geben, andere sind so beschäftigt, daß sie oft kaum ihr Morgen- und Abendgebet zustande bringen. Wie sollen sie denn gerettet werden, wenn man immer beten muß und unbedingt gute Werke verrichten muß, um den Himmel zu erwerben? Ihr werdet sehen, daß alle eure guten Werke sich zurückführen lassen auf das Gebet, das Fasten und Almosengeben, und ihr werdet sehen, daß wir das alles leicht machen können.

Ja, auch wenn wir eine schlechte Gesundheit hätten oder sogar krank wären, es gibt ein Fasten, das wir alle ohne Schwierigkeit halten können. Wären wir auch arm an allem, wir können noch Almosen geben; und wären wir noch so beschäftigt, wir könnten zu Gott beten, ohne bei unseren Geschäften gestört zu werden. Und nun wie?

Wir praktizieren ein Fasten, das Gott sehr gefällt, jedesmal wenn wir auf etwas verzichten, was uns lieb ist. Denn das Fasten besteht nicht allein in der Entsagung vom Trinken und Essen, sondern von allem, was uns angenehm ist. Die einen können sich abtöten, indem sie sich aussöhnen, die andern, indem sie auf einen Besuch bei Freunden verzichten, die sie gern sehen möchten, andere können maßhalten in Gesprächen, die sie gern führen. Da macht einer ein Gott sehr wohlgefälliges Fasten, indem er seine Eigenliebe und seinen Stolz bekämpft oder seinen Widerwillen gegen bestimmte Arbeiten. Oder er verkehrt mit Personen, die seinem Charakter und seinen Gewohnheiten nicht liegen ...

Seht ihr gerade eine Gelegenheit, euren Appetit zu befriedigen? Nehmt statt dessen, ohne es merken zu lassen, das, was euch weniger schmeckt ... Ja, wenn wir uns Mühe gäben, fänden wir nicht nur jeden Tag eine Möglichkeit zu fasten, sondern sogar jeden Augenblick des Tages.

Aber sagt mir, gibt es wohl ein Fasten, das Gott mehr gefiele, als mit Geduld gewisse Dinge zu tun und zu leiden, die uns ganz zuwider sind? Ganz abgesehen von den Krankheiten und vielen anderen Bedrängnissen, die zu unserm armseligen Leben einfach dazugehören – wie oft haben wir nicht Gelegenheit, uns abzutöten, indem wir das annehmen, was uns nicht paßt? Jetzt ist es eine Arbeit, die uns anödet, jetzt eine unsympathische Person, ein andermal eine Demütigung, die wir nur schwer ertragen. Nun wohl, wenn wir das alles für Gott annehmen und nur, um ihm zu gefallen: Das ist das Fasten, das Gott am meisten gefällt . . .

Es gibt auch eine Art von Almosen, das alle geben können. Seht, das Almosen besteht nicht nur darin, daß man den Hungrigen speist und dem Bedürftigen Kleidung gibt, nein, alles, was man dem Nächsten Gutes erweist, sei es für den Leib, sei es für die Seele, ist ein Almosen, wenn wir es im Geist der Liebe tun. Haben wir wenig, gut, so geben wir wenig, und haben wir nichts zu geben, so verleihen wir etwas, wenn wir es können. Wer nicht für die Kranken sorgen kann, der kann sie vielleicht besuchen und kann ihnen ein Wort des Trostes sagen. Er kann für sie beten, daß sie ihre Krankheit gut leben. Ja, alles ist in den Augen Gottes groß und wertvoll, wenn wir es aus dem Glauben und aus der Liebe heraus tun. Jesus Christus sagt uns, daß sogar ein Becher Wasser nicht ohne Belohnung bleibt. Seht also, auch wenn wir sehr arm sind, so können wir doch leicht Almosen geben.

Es gibt auch eine Art des Gebets, die wir beständig üben können, sosehr wir auch beschäftigt sein mögen. Seht, wie man es macht. Dieses Gebet besteht darin, daß wir bei allem, was wir tun, nichts anders tun wollen als den Willen Gottes. Sagt mir, scheint es euch sehr schwierig zu sein, nichts anderes tun zu wollen als den Willen Gottes, und zwar bei all unseren Handlungen, wie klein sie auch seien?

(Zum 7. Sonntag nach Pfingsten)

Was für eine Freude für einen gläubigen Christen: Wenn er sich von dem heiligen Tisch erhebt, hat er den ganzen Himmel in seinem Herzen! Glücklich das Haus, in dem solche Christen wohnen ... Was für eine Ehrfurcht muß man vor ihnen haben, wenn man ihnen begegnet! In seinem Haus einen zweiten Tabernakel zu haben, in dem Gott wirklich Wohnung genommen hat mit Leib und Seele ...

Vielleicht werdet ihr mir sagen: Wenn dieses Glück so groß ist, warum gibt uns die Kirche dann das Gebot, einmal im Jahr zu kommunizieren? – Dieses Gebot ist nicht nur für die Christen gemacht. Es ist nur da für die lauen Christen und für die, denen das Heil ihrer Seele gleichgültig ist. Die größte Strafe, die man in den ersten Zeiten der Kirche den Christen auferlegen konnte, war die, sie dieses Glückes zu berauben. Jedesmal wenn sie die Freude hatten, an der heiligen Messe teilzunehmen, hatten sie die Freude zu kommunizieren. Mein Gott, wie ist es möglich, daß Christen drei, vier, fünf und sechs Monate warten, ohne ihrer armen Seele diese himmlische Nahrung zu geben? Sie lassen sie vor Hunger sterben! ... Mein Gott, was für ein Unglück und was für eine Verblendung ... Wo wir so viele Mittel haben, die Seele zu heilen, und eine Speise, sie gesund zu bewahren!

Als die Kirche sah, wie sehr die Christen das Heil ihrer armen Seele vernachlässigten, und weil sie hoffte, daß die Furcht vor der Sünde ihnen die Augen öffnete, gab sie ihnen ein Gebot, das sie verpflichtete, dreimal im Jahr die Kommunion zu empfangen, an Weihnachten, an Ostern und an Pfingsten. Als dann die Christen immer unempfindlicher wurden für ihr Unglück, verpflichtete die Kirche sie, nur noch einmal im Jahr sich ihrem Gott zu nähern. Mein Gott, was für ein Unglück und was für eine Verblendung, daß ein Christ durch Gesetze gezwungen wird, sein Glück zu suchen!

(Zum 6. Sonntag nach Pfingsten)

DIE GÖTTLICHE VORSEHUNG

Fürchten wir nie, daß der Besuch der heiligen Messe uns in unseren zeitlichen Angelegenheiten Nachteile bringt. Genau das Gegenteil ist der Fall. Alles geht besser, unsere Aufgaben gelingen besser, als wenn wir das Unglück gehabt hätten, nicht an der Messe teilzunehmen. Ein wunderbares Beispiel: Es wird von zwei Handwerkern berichtet, die dasselbe Gewerbe ausübten und am gleichen Ort wohnten. Der eine von ihnen, mit einer großen Zahl von Kindern, versäumte es nie, die tägliche Messe zu hören. Er lebte einigermaßen gut von seinem Gewerbe, während der andere, obwohl er keine Kinder hatte und einen Teil der Nacht und den ganzen Tag arbeitete, nur mit Mühe leben konnte. Als dieser nun eines Tages dem andern begegnete, dessen Arbeit er so gut gedeihen sah, fragte er ihn, wie es komme, daß er eine so große Familie unterhalten könne, während es ihm, der nur sich und seine Frau hatte und pausenlos arbeitete, oft an allem fehlte. Der andere antwortete ihm, wenn er wolle, würde er ihm morgen zeigen, woher ihm all sein Gewinn käme. Sehr froh über diese Antwort wartete er ungeduldig auf den Morgen, der ihm den Weg zu seinem Glück zeigen sollte. Er ging dann auch frohgemut und voll Vertrauen hin. Der andere aber führte ihn zur Kirche, wo sie die heilige Messe anhörten. Nach der Messe sagte der, dem es gut ging: „Freund, gehen Sie jetzt nur ruhig an Ihre Arbeit." Dasselbe tat er am andern Tag. Nachdem er ihn aber das dritte Mal

91

mitgenommen hatte, sagte der andere: „Wie? Wenn ich zur Messe gehen will, so kenne ich den Weg, ohne daß Sie sich die Mühe geben, mich mitzunehmen. Das war es nicht, was ich wissen wollte, sondern den Ort, wo ich alles das finde, was einem das Leben leichter macht. Ich wollte sehen, ob ich meinen Vorteil finden kann, wenn ich es mache wie Sie." „Mein Freund", erwiderte der andere, „ich kenne keinen andern Ort außer der Kirche und kein anderes Mittel, als jeden Tag die Messe zu hören. Was mich angeht, so versichere ich Ihnen, daß ich kein anderes Mittel angewandt habe, um all das Gute zu haben, über das Sie staunen. Aber haben Sie nicht gelesen, daß Jesus Christus uns im Evangelium sagt, daß wir vor allem das Evangelium suchen sollen und daß alles übrige uns hinzugegeben wird?"

Setzt euch das vielleicht in Erstaunen, Brüder? Mich nicht. Wir sehen alle Tage das gleiche in den Häusern, in denen Gott geehrt wird: Jene, die oft zur heiligen Messe gehen, bringen ihre Angelegenheiten viel besser zuwege als jene, die bei ihrem geringen Glauben meinen, sie hätten nie Zeit dazu. Ach, wenn wir unser ganzes Vertrauen auf Gott setzten und nicht nur auf unsere Arbeit, wieviel glücklicher wären wir!

Aber, werdet ihr sagen, wenn wir nichts haben, gibt man uns nichts.

Was soll euch der liebe Gott denn geben, wenn ihr nur auf eure Arbeit zählt und gar nicht auf ihn? Ihr gönnt euch ja nicht einmal die Zeit, um euer Abend- und euer Morgengebet zu verrichten, und ihr begnügt euch damit, einmal in der Woche zur heiligen Messe zu gehen.

Ach, ihr kennt die Reichtümer der Vorsehung des lieben Gottes nicht für den, der sich auf ihn verläßt. Wollt ihr einen klaren Beweis? Er steht vor euren Augen: Seht eueren Pfarrer und denkt vor Gott darüber nach. Oh, werdet ihr mir sagen, Ihnen wird ja auch gegeben. Aber wer gibt mir denn, wenn nicht die Vorsehung des lieben Gottes? Seht, da sind meine Schätze, und nirgendwo anders.

(Zum 2. Sonntag nach Pfingsten)

DIE WAHRE LIEBE

Unsere ganze Frömmigkeit ist falsch, und alle unsere Tugenden sind nichts als Einbildung, und wir sind in den Augen Gottes nur Heuchler, wenn wir nicht eine umfassende Liebe zu allen haben, zu den Guten wie zu den Bösen, zu den Armen wie zu den Reichen, zu allen, die uns Böses antun, wie zu denen, die uns Gutes tun.

Nein, es gibt keine Tugend, die uns besser erkennen läßt, ob wir Kinder Gottes sind, als die Liebe. Unsere Pflicht, den Nächsten zu lieben, ist so groß, daß Jesus Christus sie gleich neben das Gebot stellt, Gott mit ganzem Herzen zu lieben.

Ja, diese Pflicht müssen wir als die universalste, notwendigste und wesentlichste für unser religiöses Leben und für unser Heil ansehen. Wenn wir dieses Gebot befolgen, dann üben wir auch alle anderen. Der heilige Paulus sagt uns, daß die anderen Gebote uns den Ehebruch, den Diebstahl, die Beleidigungen und die falschen Zeugnisse verbieten. Wenn wir unsern Nächsten lieben, tun wir nichts von alldem, weil die Liebe zum Nächsten nicht zulassen kann, daß wir ihm Böses tun.

Worin besteht die Liebe, die wir zu unserem Nächsten haben müssen?

1. Allen Gutes wünschen.
2. Allen Gutes tun, sooft wir es können.
3. Die Fehler der andern ertragen, entschuldigen und nicht an die große Glocke hängen.

Das ist die wahre Liebe, die wir dem Nächsten schuldig sind. Warum haben wir denn diese Liebe nicht, denkt ihr bei euch selbst. Sie macht uns doch schon in dieser Welt so glücklich, denn unter denen, die das große Glück haben, sie zu besitzen, herrschen Frieden und Eintracht.

Drei Dinge lassen uns die Liebe verlieren, und das sind der Geiz, der Stolz und der Neid. Sagt mir, warum liebt ihr diesen bestimmten Menschen nicht? Ach, er paßt nicht zu euren Wünschen. Vielleicht hat er irgendein Wort gegen euch gesagt, oder ihr habt ihn um etwas gebeten, und er hat es euch verweigert, oder er hat einen Gewinn gemacht, auf den ihr gehofft hattet – seht, das ist es, was euch hindert, ihn so zu lieben, wie ihr es solltet . . .

Vergeßt nie, daß während der Zeit, in der ihr eure Nächsten nicht liebt, der gute Gott gegen euch zürnt . . . Und warum seht ihr große Fehler an euerem Nächsten? Ach, mein Freund, seien Sie überzeugt, daß Sie größere Fehler in den Augen Gottes haben, nur Sie kennen sie nicht. Es ist wahr, wir dürfen die Fehler und Schwächen des Sünders nicht lieben, aber wir müssen ihn selbst lieben. Wenn er auch Sünder ist, so hört er doch nicht auf, Geschöpf Gottes zu sein und sein Ebenbild. Wenn ihr nur die lieben wollt, die keine Fehler haben, dann werdet ihr keinen lieben, denn keiner ist ohne Fehler. Als bessere Christen wollen wir so denken: Je mehr ein Christ Sünder ist, desto mehr verdient er unser Mitleid und einen Platz in unserm Herzen. Nein, so böse die sein mögen, mit denen wir zusammenleben, wir dürfen sie nicht hassen, sondern nach dem Beispiel Jesu Christi müssen wir sie mehr als uns selbst lieben.

(Zum 12. Sonntag nach Pfingsten)

DIE LIEBE ZU GOTT UND ZUM NÄCHSTEN

Wenn ich ein Kind frage: „Was ist die Liebe?", so antwortet es mir: „Sie ist eine Tugend, die vom Himmel kommt. Durch sie lieben wir Gott mit unserm ganzen Herzen und den Nächsten wie uns selbst um Gottes willen." Nun werdet ihr mich fragen, was heißt das, Gott über alles und mehr als uns selbst lieben? Es bedeutet, ihn allen Geschöpfen vorziehen, in der Bereitschaft leben, lieber Hab und Gut zu verlieren, das Ansehen, die Eltern und Freunde, die Kinder, den Mann, die Frau und selbst das Leben, als die kleinste Todsünde zu begehen. Gott vollkommen lieben heißt im Sinne des heiligen Augustinus, ihn grenzenlos lieben, auch wenn wir keinen Himmel zu erwarten hätten und keine Hölle zu fürchten wäre; es heißt ihn lieben mit der ganzen Weite des Herzens.

Wenn ihr mich nach dem Grund fragt: Gott ist unendlich gut und würdig, geliebt zu werden. Wenn wir ihn wirklich lieben, können weder Leiden noch Verfolgungen noch Verachtung, weder Leben noch Tod uns diese Liebe rauben, die wir Gott schulden.

Wir merken selbst, daß wir mit Sicherheit unglücklich, sehr unglücklich sind, wenn wir Gott nicht lieben. Da der Mensch geschaffen ist, um Gott zu lieben, kann er sein Glück nirgendwo finden als nur in Gott. Wären wir auch die Herren der Welt, wenn wir Gott nicht liebten, könnten wir für die ganze Zeit unseres Lebens nur unglücklich sein. Wenn ihr euch besser

überzeugen wollt, fragt die Menschen, die Gott nicht lieben . . .
Ein Geizhals ist nicht glücklicher, wenn er mehr hat, als wenn
er wenig hat. Ist ein Trinker glücklicher, nachdem er seinen
Wein getrunken hat, wo er seine ganze Freude zu finden glaubte?
Er ist nur noch unglücklicher. Ein Stolzer hat nie Ruhe, er
fürchtet immer, verachtet zu werden. Ein Rachsüchtiger kann
Tag und Nacht nicht schlafen, weil er auf Rache sinnt. Beobachtet auch einen schamlosen Unzüchtigen, der sein Glück in den
Gelüsten des Fleisches zu finden glaubt. Er kann seine Ehre,
sein Hab und Gut, seine Gesundheit und seine Seele daran-
setzen, und doch findet er seine Befriedigung nicht. Und warum
können wir nicht glücklich werden durch all das, was den
Schein erweckt, glücklich zu machen? Weil wir nur für Gott
geschaffen sind. Er allein kann uns zufriedenstellen und uns
glücklich machen, soweit das auf dieser armen Erde möglich
ist . . .

Wenn ich jetzt ein Kind fragen würde: „Was ist die Liebe
in Beziehung zum Nächsten?", so gäbe es mir zur Antwort:
„Die Liebe zu Gott muß bewirken, daß wir ihn mehr lieben
als unsern Besitz, unsere Gesundheit, unsern Ruf und selbst
unser Leben; die Liebe, die wir unserm Nächsten schulden,
muß bewirken, daß wir ihn lieben wie uns selbst, so daß wir
alles Gute, das wir uns wünschen können, auch unserm Nächsten wünschen müssen. Sonst haben wir die Liebe nicht, ohne
die weder der Himmel noch die Freundschaft mit Gott zu
erhoffen sind . . ."

Was aber bedeutet das Wort „Nächster"? Nichts ist leichter
zu verstehen als das. Die Nächstenliebe erstreckt sich auf alle,
auch auf alle, die uns Böses getan haben, die unserm Ansehen
geschadet haben, uns verleumdet oder irgendein Unrecht an-
getan haben, sei es, daß sie versucht hätten, uns das Leben
zu nehmen. Wir müssen sie lieben wie uns selbst und ihnen

alles Gute wünschen, was wir uns selbst wünschen. Es ist uns nicht nur untersagt, ihnen das erlittene Unrecht heimzuzahlen, sondern wir müssen ihnen jedesmal helfen, wenn sie unsere Hilfe brauchen und wir dazu in der Lage sind. Wir müssen uns freuen, wenn sie in ihren Geschäften Erfolg haben, wir müssen traurig sein, wenn sie von irgendeinem Mißgeschick oder irgendeinem Verlust getroffen werden. Wir müssen uns auf ihre Seite stellen, wenn man schlecht von ihnen spricht, und müssen das Gute sagen, das wir von ihnen wissen. Wir dürfen ihre Gesellschaft nicht meiden ... Seht, so will Gott, daß wir unsern Nächsten lieben. Wenn wir uns anders verhalten, lieben wir weder unsern Nächsten noch Gott ...

Ihr fragt mich, wie wir wissen können, daß wir diese schöne und kostbare Tugend besitzen, ohne die unser Glaube nur eine Täuschung ist? Wer die Liebe hat, ist zunächst einmal frei von Stolz; er will nicht über die anderen herrschen; ihr hört ihn niemals das Verhalten der anderen tadeln; er redet nicht gern über deren Tun. Wer die Liebe hat, erforscht nicht, welche Absicht die anderen bei ihren Handlungen haben; er bildet sich niemals ein, etwas besser zu machen als die anderen, er stellt sich niemals über seinen Nachbarn; im Gegenteil, er ist überzeugt, daß die anderen es immer besser machen als er. Er ist nicht gekränkt, wenn man einen anderen vorzieht; wird er verachtet, ist er trotzdem zufrieden, denn er glaubt, noch größere Verachtung zu verdienen. Wer die Liebe hat, versucht, den anderen keinen Schmerz zuzufügen, denn die Liebe ist ein königlicher Mantel, der die Fehler der Brüder gut verdecken kann und niemals den Glauben erweckt, man sei besser als sie.

Seht, um Gott und den Nächsten zu lieben, ist es nicht nötig, gebildet oder reich zu sein. Es genügt, daß wir Gott zu gefallen suchen in allem, was wir tun, und daß wir allen, den

Bösen wie den Guten, denen, die unsere Ehre antasten, wie denen, die uns lieben, Gutes tun.

(Zum 17. Sonntag nach Pfingsten)

NIEMAND KANN ZWEI HERREN DIENEN

Jesus Christus sagt uns, daß wir nicht zwei Herren dienen können, das heißt Gott und der Welt. Ihr könnt nicht Gott und der Welt gefallen, sagt er uns. Ihr könnt tun, was ihr wollt, ihr könnt nicht beiden zu gleicher Zeit gefallen. Und hier der Grund: Die beiden sind äußerst gegensätzlich in ihren Gedanken, Wünschen und Handlungen. Der eine verspricht etwas völlig Entgegengesetztes von dem, was der andere verspricht. Der eine verbietet das, was der andere erlaubt und befiehlt. Der eine läßt euch für die gegenwärtige Zeit arbeiten und der andere für die zukünftige, für den Himmel. Der eine bietet Vergnügen, Ehren und Reichtümer an, der andere Tränen, Buße und Selbstverleugnung. Der eine ruft euch auf einen Weg mit Blumen, dem Anschein nach wenigstens, und der andere auf den mit Dornen. Jeder verlangt unser Herz; an uns ist es zu wählen, welchem der beiden Herren wir folgen wollen. Der eine, das ist die Welt, verspricht uns alles, was wir während unseres ganzen Lebens nur wünschen mögen. Natürlich verspricht er immer mehr, als er gibt, und gleichzeitig verheimlicht er uns die Leiden, die uns für die Ewigkeit reserviert sind. Der andere, das ist Jesus Christus, verspricht uns alle diese Dinge nicht, aber er sagt uns zum Trost, daß er uns helfen wird, ja, daß er unsere Schmerzen sehr mildern wird: „Kommt alle zu mir, die ihr euch plagt und schwere Lasten zu tragen habt. Ich werde euch Ruhe verschaffen" (Mt 11,28). Das also sind die beiden Herren, die unser Herz wollen. Zu wem wollt ihr gehören? Alles, was die Welt euch anbietet, ist nur für die gegenwärtige Zeit. Besitz, Vergnügungen und Ehren enden mit diesem Leben ... Wenn wir aber Jesus Christus folgen, der uns ruft, beladen mit seinem Kreuz, werden wir bald sehen, daß die Schmerzen in seinem Dienst gar nicht so groß sind, wie wir glauben. Er geht vor uns her, er hilft uns und tröstet uns, und er verspricht uns nach einem kurzen Augenblick der Leiden die Seligkeit in Gott, die in Ewigkeit dauern wird.

(Zum 14. Sonntag nach Pfingsten)

IN DER WELT, ABER NICHT VON DER WELT

Ihr möchtet zu Gott gehören und gleichzeitig wollt ihr der Welt gefallen. Wißt ihr, was mit solchen Menschen ist? Das sind Menschen, die den Glauben noch nicht ganz verloren haben und in denen irgendwie noch der Wille ist, Gott zu dienen. Denn sie tadeln die, die den Gottesdienst nicht mehr besuchen, aber sie haben nicht genug Mut, mit der Welt zu brechen und sich auf die Seite Gottes zu stellen. Diese Leute möchten nicht verdammt werden, aber sie möchten sich auch nicht abmühen. Sie hoffen gerettet zu werden, ohne sich allzuviel Gewalt anzutun. Sie denken, Gott hätte sie in seiner Güte nicht erschaffen, um sie zu verlieren. Darum würde er ihnen bei der Schlußabrechnung auch vergeben. Es würde eine Zeit kommen, wo sie sich Gott ergeben, sich bessern und ihre bösen Gewohnheiten ablegen. Wenn sie sich in einem Augenblick des Nachdenkens ihr armes Leben vor Augen stellen, klagen sie darüber und vergießen manchmal auch einige Tränen ...

Ach, was für ein trauriges Leben führen jene, die von der

Welt sein und doch noch zu Gott gehören möchten! Aus dem folgenden wird euch das noch klarer werden. Ihr werdet sehen, wie lächerlich ihr Leben ist. Einmal hört ihr sie zu Gott beten oder einen Akt der Reue erwecken, ein andermal hört ihr sie fluchen, vielleicht sogar mit dem heiligen Namen Gottes. Morgens habt ihr sie in der heiligen Messe gesehen, sie sangen oder hörten die Loblieder auf Gott, und am selben Tag hört ihr sie die abscheulichsten Reden halten ... Dieselben Augen, die am Morgen die Freude hatten, Jesus Christus in der heiligen Hostie anzuschauen, werden am Tage die schamlosesten Dinge anschauen, und zwar mit Wohlgefallen. Gestern saht ihr solch einen Menschen seinem Nächsten etwas Gutes tun oder gefällig sein, heute versucht er ihn zu betrügen, wenn er einen Vorteil davon hat. Vor ein paar Augenblicken gönnte eine Mutter ihren Kindern alles mögliche Gute, und jetzt, wo sie ihr widersprechen, möchte sie sie nie gesehen haben und wünscht sie zum Teufel. Manchmal schickt sie ihre Kinder zur heiligen Messe oder zur Beichte, ein andermal wird sie sie zum Tanzvergnügen schicken, oder sie tut so, als wenn sie es nicht wüßte, oder sie verbietet es ihnen mit einem Lächeln, das sagen will: Geh nur! Einmal wird sie ihre Tochter ermahnen, vernünftig zu sein und schlechte Gesellschaft zu meiden, und ein andermal läßt sie sie stundenlang mit den Jungen gehen, ohne irgend etwas zu sagen. Arme Mutter, du bist von der Welt! Du glaubst von Gott zu sein wegen irgendwelcher äußerlicher Frömmigkeitsübungen. Du täuschst dich. Du gehörst zur Zahl derer, zu denen Jesus gesagt hat: „Wehe der Welt!"

Möchtet ihr wissen, wie der Zustand einer lauen Seele ist? Eine laue Seele ist in den Augen Gottes noch nicht völlig tot, weil der Glaube, die Hoffnung und die Liebe, die ihr geistliches Leben ausmachen, in ihr noch nicht völlig erloschen sind. Aber es ist ein Glaube ohne Eifer, eine Hoffnung ohne Festigkeit, eine Liebe ohne Glut . . .

Nichts rührt oder erschüttert den lauen Christen. Er hört das Wort Gottes, ja, aber er langweilt sich oft dabei. Er hört mit Unlust, aus Gewohnheit, wie einer, der schon genug davon weiß oder schon genug tut. Längere Gebete gefallen ihm nicht . . .

Seit zwanzig Jahren ist er voll von guten Wünschen, ohne aber seine Gewohnheiten irgendwie geändert zu haben. Er ist wie einer, der einen auf dem Triumphwagen Stehenden beneidet, selbst aber keinen Schritt tut, um hinaufzusteigen. Jedoch möchte er nicht wegen der irdischen Güter auf die ewigen verzichten. Aber er sehnt sich nicht danach, diese Welt zu verlassen und in den Himmel zu kommen, und wenn er seine Zeit ohne Kreuz und ohne Schmerz verbringen könnte, hätte er nie den Wunsch, die Erde zu verlassen. Wenn ihm das Leben lang und erbärmlich vorkommt, dann nur, weil nicht alles nach seinen Wünschen geht. Schickt Gott ihm Kreuz und Leid, um ihn irgendwie vom Leben zu lösen, wie er sich dann quält und er sich beklagt, wie er mürrisch wird und oft fast bis zur Verzweiflung kommt. Anscheinend will er nicht anerkennen, daß Gott ihm diese Prüfungen zu seinem Besten schickt, um ihn vom Leben loszulösen und zu sich hin zu ziehen. „Was habe ich getan, um das zu verdienen?" denkt er bei sich selbst, „viele andere, die mehr verschuldet haben als ich, erleiden das nicht."

Im Glück treibt sich der laue Christ nicht an, er vergißt Gott sogar, aber sich selbst vergißt er nicht. Er kann sehr gut von allem erzählen, was er angestellt hat, um zu Erfolg zu kommen, und er meint, viele andere hätten nicht dasselbe erreicht. Er wiederholt das gern und hört gern, wenn andere darüber reden, es ist für ihn immer wieder eine Freude. Zu denen, die ihm schmeicheln, ist er freundlich; wer ihm aber nicht den schuldigen Respekt erweist oder für seine Wohltaten nicht dankbar ist, dem zeigt er eine kühle, verdrießliche Miene, womit er ihm seine Undankbarkeit vorzuhalten und ihm zu zeigen scheint, daß er das Gute, das er ihm erwiesen hat, nicht verdient...

Ein lauer Christ erfüllt noch einigermaßen regelmäßig seine Pflichten, wenigstens nach außen hin. Jeden Morgen wird er kniend sein Morgengebet verrichten. Sicher empfängt er jährlich zu Ostern die Sakramente, sogar mehrmals während des Jahres. Aber es ist wenig Freude, viel Feigheit und viel Gleichgültigkeit dabei, wenig Vorbereitung und keine Änderung des Lebens. Man sieht deutlich, daß er seine Pflichten nur aus Gewohnheit erfüllt, weil es so Brauch ist, weil Feiertag ist...

Was seine Gebete angeht, so weißt Gott allein, wie sie sind, jedenfalls ohne Vorbereitung. Beim Erwachen denkt er nicht gleich an Gott und an das Heil seiner armen Seele, sondern an seine Arbeit. Sein Geist ist so von den Dingen der Erde besetzt, daß der Gedanke an Gott keinen Platz darin hat. Er denkt daran, was er den Tag über machen wird, wohin er seine Kinder und die Knechte schicken wird, wie er es macht, um seine Arbeit schneller fertigzubringen. Um sein Gebet zu verrichten, geht er in die Knie, das ist wahr, aber er weiß weder, um was er Gott bitten will, noch, was er notwendig braucht, noch, vor wem er sich befindet. Sein wenig ehrfürchtiges Benehmen zeigt das deutlich. Er ist ein Armer, der trotz seines Elends nichts haben will, der seine Armut liebt. Er ist wie ein Kranker, der fast verzweifelt ist, aber die Ärzte verschmäht.

Ein lauer Christ begeht, wenn ihr so wollt, keine schweren Sünden. Aber eine üble Nachrede, eine Lüge, eine Regung des Hasses, der Abneigung und der Eifersucht, eine kleine Verstellung kostet ihn nicht viel ...

Während des Gottesdienstes will er nicht schlafen, das ist wahr, er hat auch Angst, es könnte jemand sehen, aber er gibt sich keine Mühe. Zerstreuungen während des Gebets oder der heiligen Messe möchte er nicht, aber da es ein wenig Mühe kosten würde, sich dagegen zu wehren, werden sie leichtfertig hingenommen.

Wenn er eine gute Tat verrichtet, ist seine Absicht oft nicht ganz lauter. Bald tut er es, um jemandem zu Gefallen zu sein, bald aus Mitleid und bisweilen, um der Welt zu gefallen ...

Bei solchen Menschen ist alles, was nicht schwere Sünde ist, in Ordnung. Sie tun gern Gutes, aber sie möchten, daß es nicht weh tut, wenigstens nicht sehr. Sie würden auch gern Kranke betreuen, aber die Kranken müßten schon selbst kommen. Sie hätten die Mittel, um Almosen zu geben, sie wissen gut, daß jemand in Not ist, aber sie warten darauf, daß er kommt und bittet, statt ihm zuvorzukommen.

Wir sagen also: Wer ein laues Leben führt, hört nicht auf, viele gute Werke zu tun, die Sakramente zu empfangen und regelmäßig am Gottesdienst teilzunehmen, aber man sieht bei alldem nur einen schwachen und matten Glauben, eine Hoffnung, die bei der geringsten Prüfung versagt, und eine Gottes- und Nächstenliebe, die ohne Feuer und ohne Freude ist. Alles, was er tut, ist nicht ganz verloren, aber es fehlt wenig daran.

(Zum 18. Sonntag nach Pfingsten)

Wie schön wäre eure Religion, sagen uns die Juden und auch die Heiden, wenn ihr das machtet, was sie euch befiehlt! Ihr seid nicht nur Brüder, sondern was noch viel schöner ist: Alle zusammen bildet ihr nur einen einzigen Leib in Jesus Christus. Sein Fleisch und Blut dient euch jeden Tag als Nahrung. Ihr seid untereinander alle Glieder. Man muß zugeben, dieser Artikel eures Glaubens ist bewunderungswürdig, er hat etwas Göttliches an sich. Wenn ihr euch eurem Glauben entsprechend verhalten würdet, wäret ihr imstande, alle anderen Völker zu euch hinüberzuziehen, so schön und tröstlich ist er, und er verspricht euch so viele Güter für das andere Leben.

Und doch glauben alle Völker, eure Religion sei nicht das, wofür ihr sie ausgebt. Denn euer Leben ist dem, was eure Religion euch befiehlt, ganz entgegengesetzt. Wenn man eure Pfarrer fragen würde und sie dürften alles aufdecken, dann würden sie uns Zwistigkeiten, Feindschaften, Rache, Eifersucht, üble Nachreden und viele andere Laster zeigen, die ein Abscheu für alle Völker sind, von denen ihr sagt, daß ihre Religion der euren weit unterlegen sei. Die Sittenverderbnis bei euch hält jene, die nicht zu eurer Religion gehören, davon ab, sie anzunehmen. Denn wenn ihr wirklich überzeugt wäret, daß sie gut und göttlich ist, würdet ihr anders handeln.

(Zum Weihnachtsfest)

Jesus Christus erzählt im Evangelium, wie ein Pharisäer in den Tempel geht, um sein Gebet zu verrichten. Ganz vorn, in Gegenwart aller, sagt er mit lauter Stimme: „Ich danke dir, Herr, daß ich nicht so bin wie die anderen Menschen, die mit Sünden bedeckt sind. Ich verbringe mein Leben, um Gutes zu tun und dir zu gefallen."

Da seht ihr den wahren Charakter eines Stolzen: Statt Gott Dank zu sagen, daß er sich gnädig seiner bedient hat für das Gute, betrachtet er alles als von sich herkommend und nicht von Gott. Gehen wir ins einzelne, und ihr werdet sehen, daß fast keiner davon frei ist, die Alten wie die Jungen, die Armen wie die Reichen. Jeder lobt sich und gefällt sich in dem, was er ist oder was er macht, oder besser, was er nicht ist und was er nicht gemacht hat. Jeder gibt sich selbst Beifall und wünscht Beifall zu erhalten. Jeder läuft den Lobsprüchen der Menschen nach, und jeder gibt sich Mühe, sie auf sich zu ziehen. So läuft das Leben der meisten Menschen ab.

Die Tür, durch die der Stolz am leichtesten eintritt, ist der Reichtum. Kaum ist jemand reich geworden, so seht ihr, wie er seine Lebensweise ändert. Er macht es so, wie Jesus Christus es uns von den Pharisäern sagt. Solche Leute lassen sich gern Doktor nennen und möchten gegrüßt werden. Sie erheben Anspruch auf die ersten Plätze. Sie fangen an, sich besser anzuziehen und wollen nicht mehr einfach aussehen. Grüßt man sie, so nicken sie kaum mit dem Kopf und nehmen den Hut nicht ab. Sie gehen mit erhobenem Haupt daher. Sie verwenden die schwierigsten Ausdrücke, deren Sinn sie manchmal selbst nicht verstehen, und wiederholen sie gern . . .

Die ganze Bemühung des Stolzen geht darauf aus, sich Ehre und Lob zu verschaffen. Hat er in irgendeiner Sache Erfolg gehabt, so macht er es eilig bekannt, um sein eingebildetes Können zur Schau zu stellen. Hat er etwas gesagt, wofür er Beifall bekam, so unterläßt er es nicht, allen Leuten solange davon zu erzählen, bis er sie damit langweilt und sie ihn aufziehen . . . Er glaubt als geistreich zu gelten, während er im geheimen verachtet wird. Man sagt sich unwillkürlich: Der ist eingebildet! Er bringt es fertig und glaubt, man schenke allem Glauben, was er sagt . . .

Da ist ein Mann mit einem bestimmten Beruf. Wenn er das Werk eines anderen begutachtet, findet er stets tausend Fehler, und er sagt: „Ach, was wollt ihr? Er kann es eben nicht besser!" Da der Stolze die andern nie herabsetzt, ohne sich selbst zu erhöhen, beeilt er sich, von irgendeiner Arbeit zu sprechen, die er selbst vollbracht hat; irgend jemand hätte sie sehr gut gefunden und hätte mit vielen darüber gesprochen.

Ein Mädchen ist schön, oder sie meint es wenigstens. Wie affektiert setzt sie ihre Schritte, ihr Stolz geht bis an die Wolken. Wenn sie Blusen und Röcke besitzt, so läßt sie ihren Schrank offenstehen, damit man sie sieht.

Da ist einer stolz über sein Vieh und über sein Haus. Ein anderer ist stolz, weil er so gut beichten oder so gut beten kann, daß er sich zu benehmen weiß in der Kirche. Eine Mutter ist stolz auf ihre Kinder. Ein Bauer ist stolz über seine Felder, die besser instand sind als die der andern, die er kritisiert, und er gefällt sich in seiner Tüchtigkeit . . .

Nein, es gibt nichts so Lächerliches und Dummes, als immer zu reden über das, was man hat und was man kann.

(Zum 10. Sonntag nach Pfingsten)

Die üble Nachrede

Manche Leute reden schlecht über ihre Nachbarn, um ihnen ein Unrecht heimzuzahlen. Wenn du zum Beispiel gegen jemanden etwas unternehmen mußtest, was deine Pflicht war, so sucht er, auch wenn du es in Liebe getan hast, dich in Mißkredit zu bringen und erfindet tausend Sachen gegen dich, um sich zu rächen. Wenn du trotzdem gut von ihm sprichst, so irritiert ihn das. Er wird sagen: Er ist genau wie alle anderen und hat seine Fehler; er hat dies und jenes angestellt; ihr kennt ihn nur nicht; ihr habt eben noch nichts mit ihm zu tun gehabt.

Viele reden schlecht über andere aus Stolz. Sie meinen, sich ins Licht zu stellen, wenn sie andere herabsetzen und Schlechtes über sie sagen. Alles, was sie selbst sagen oder tun, ist gut, alles, was die andern sagen oder tun, ist schlecht. Die meisten jedoch reden schlecht vom anderen aus Leichtfertigkeit, ohne zu prüfen, ob es wahr ist oder nicht. Sie müssen einfach reden . . . Wenn irgendein Grund dafür vorhanden ist, zögern sie nicht, das Ansehen des Nächsten herabzusetzen.

Ich glaube, daß die Sünde der üblen Nachrede fast alle schlimmen Fehler in sich schließt. Ja, diese Sünde enthält das Gift aller Fehler: die Oberflächlichkeit der Eitelkeit, den giftigen Stachel der Eifersucht, die Härte des Zornes, den Groll des Hasses und die eines Christen so unwürdige Unbesonnenheit. Die üble Nachrede sät fast überall Zwietracht und Uneinigkeit, bringt Freunde auseinander und verhindert, daß Feinde sich versöhnen; sie stört den Frieden der Familie, verbittert den Bruder gegen den Bruder und den Mann gegen seine Frau . . . Wieviele Familien sind ganz entzweit, wollen sich nicht mehr sehen und nicht mehr miteinander reden. Und wer trägt die Schuld? Nur die böse Zunge des Nachbarn oder der Nachbarin . . .

Ja, die Zunge eines Menschen, der andere schlecht macht, vergiftet alle guten Handlungen und rückt alle schlechten ans Licht. Sie ist oft die Ursache, daß eine ganze Familie mit einem Makel behaftet ist, der von den Vätern auf die Söhne, von einer Generation auf die andere übergeht und sich vielleicht nie mehr löschen läßt. Die böse Zunge stöbert sogar in den Gräbern der Toten herum. Sie bewegt die Asche dieser armen Unglücklichen und macht sie lebendig, sie frischt ihre Fehler auf, die mit ihnen ins Grab gegangen waren.

Was für eine Abscheulichkeit! Was für ein Abscheu würde euch erfüllen, wenn einer über eine Leiche in Wut geriete und sie in tausend Stücke zerrisse! Eine solche Tat würde euch erschüttern. Nun wohl, das Verbrechen, die Fehler eines armen Toten wieder aufzufrischen, ist noch viel größer. Wieviele haben diese Gewohnheit, wenn man von einem Verstorbenen spricht, zu sagen: Ach, der hat in seinem Leben alles mögliche angestellt, er war ein Trinker, ein durchtriebener Gauner, kurzum ein übles Subjekt.

Mein Freund, vielleicht vertun Sie sich, und wenn es auch wahr wäre, was Sie sagen, vielleicht ist er jetzt im Himmel, Gott hat ihm vergeben. Wo aber ist Ihre Liebe?

(Zum 11. Sonntag nach Pfingsten)

NICHT URTEILEN!

Sagt mir, worauf gründen sich alle diese Urteile und Meinungen? Ach, auf einen schwachen äußeren Anschein und meistens auf ein „man sagt". Vielleicht werdet ihr mir sagen, ihr hättet es gesehen und gehört. Auch wenn ihr seht und hört, könnt ihr euch trotzdem täuschen. Das werdet ihr gleich verstehen.

Ein Beispiel, das euch aufs beste zeigen wird, wie leicht wir uns täuschen und daß wir uns fast immer täuschen. Sagt mir, was hättet ihr getan, wenn ihr zur Zeit des heiligen Nikolaus gelebt und ihn beobachtet hättet, wie er bei dunkler Nacht um das Haus von drei Mädchen herumschlich und wie er sich Mühe gab, daß es niemand sähe? Schau da, ein Bischof, hättet ihr gedacht, der seiner Würde Unehre macht, ein schöner Heuchler. In der Kirche scheint er ein Heiliger zu sein, und nun sieht man ihn mitten in der Nacht vor der Tür von drei Mädchen, die nicht den besten Ruf haben. Und doch war dieser Bischof, der sicher verurteilt worden wäre, ein großer Heiliger und sehr von Gott geliebt. Was er da tat, war die beste Tat der Welt. Um diesen jungen Menschen zu ersparen, betteln zu müssen, kam er bei Nacht und warf ihnen Geld durchs Fenster. Er fürchtete, ihre Armut würde sie dazu bringen, der Sünde zu verfallen.

Das soll uns veranlassen, nie Handlungen unseres Nächsten zu verurteilen, ohne vorher gut nachgedacht zu haben, und außerdem nur, wenn wir für seinen Lebenswandel Verantwortung tragen, wie die Väter und Mütter, Lehrer und Lehrerinnen. In jedem andern Fall handeln wir fast immer schlecht ... Sagt mir, haben wir eine bessere Begründung für die Urteile, die wir über die Handlungen unseres Nächsten fällen, als die Leute, die den heiligen Nikolaus um das Haus herumgehen sahen, als er die Tür zur Kammer jener drei Mädchen suchte?

Nicht uns müssen die andern Rechenschaft geben über ihr Leben, sondern Gott. Wir dürfen uns nicht Urteile anmaßen über Dinge, die uns nichts angehen. Gott wird von uns nicht Rechenschaft verlangen über das, was die andern getan haben, sondern über das, was wir getan haben. Achten wir auf uns selbst und beunruhigen wir uns nicht über die anderen, indem wir über ihre Taten oder Worte nachdenken oder reden. Alles das ist unnütz und hat seinen Grund nur im Stolz, wie bei dem Pharisäer, der über seinen Nächsten urteilte, statt sich um sich selbst zu kümmern und über sein armes Leben zu weinen. Nein, lassen wir das Leben des Nächsten beiseite, begnügen wir uns, wie der heilige König David zu sagen: „Mein Gott, gib mir die Gnade, mich so zu erkennen, wie ich bin, damit ich sehe, was dir mißfällt, damit ich mich bessere, damit ich Reue habe und Verzeihung erlange."

Meine Brüder, solange jemand sich damit abgibt, das Leben der andern zu untersuchen, wird er weder sich selbst erkennen noch wird er zu Gott gehören.

(Zum 11. Sonntag nach Pfingsten)

DER NEID

Als Menschen, das wißt ihr, müssen wir Menschlichkeit füreinander zeigen. Ein Neider dagegen möchte, wenn er kann, zerstören, was er an Gutem bei seinem Nächsten erblickt. Als Christen, das wißt ihr auch, müssen wir eine Liebe ohne Grenzen zu unsern Brüdern haben. Doch ein Neider ist weit weg von diesen Tugenden. Er möchte seinen Bruder zugrunde gehen sehen. Jedes Zeichen der Güte Gottes gegen seinen Nächsten ist ein Lanzenstich in sein Herz und läßt ihn fast sterben. Da wir alle ein einziger Leib sind, dessen Haupt Jesus Christus ist, müssen wir in allem Einheit, Liebe und Eifer zeigen. Um einander glücklich zu machen, müssen wir uns, wie der heilige Paulus sagt, über das Glück unserer Brüder freuen und ihren Schmerz teilen, wenn sie irgendwelche Leiden haben. Weit von solcher Haltung entfernt ist der Neider; er verbreitet stets üble Nachreden und Verleumdungen gegen seinen Nachbarn. Dadurch findet er anscheinend Erleichterung und versüßt seinen Ärger.

Wir haben noch zu wenig gesagt. Der Neid ist ein Laster, das Könige und Kaiser von ihrem Thron stürzt. Warum sind unter den Königen, Kaisern und hochgestellten Männern viele verjagt und vergiftet oder auf andere Weise ermordet worden? Nur weil andere an ihrer Stelle regieren wollten. Es ist nicht das Brot, nicht der Wein, nicht die Wohnung, die den Urhebern dieser Verbrechen fehlen. Nein, es ist der Neid, der sie verzehrt.

Denkt an einen Geschäftsmann. Er möchte die ganze Kundschaft für sich allein, und der andere soll nichts haben. Wenn jemand von ihm weg zu einem andern geht, versucht er, die Person und die Ware des anderen Kaufmanns in Mißkredit zu bringen. Er wird mit allen Mitteln dessen Ansehen zu schaden versuchen. Er sagt, dessen Ware sei nicht so gut oder er wiege nicht richtig.

Betrachtet beispielsweise einen Handwerker, wenn er sieht, wie ein anderer in das Haus arbeiten geht, wo er sonst arbeitet. Es kränkt ihn, er wird alles mögliche tun, um diesen Mann ins Gerede zu bringen, damit er nicht angenommen wird . . .

Ach, dieses Laster findet sich auch unter denen, bei denen man es nicht antreffen dürfte; ich denke an Leute, die ein religiöses Leben führen. Sie beobachten, wie lange jemand im Beichtstuhl bleibt oder welche Haltung er beim Beten hat. Sie reden darüber und kritisieren es. All deren Gebete oder gute Werke geschehen nach ihrer Meinung nur, damit man gesehen wird, oder sind in ihren Augen nur äußerer Schein. Es ist nutzlos zu wiederholen, daß die Taten des Nächsten nur ihn betreffen. Sie ärgern sich und fühlen sich angegriffen, weil die andern besser handeln als sie.

Wir sagten, daß diese Leidenschaft einen kleinlichen Geist

verrät. Niemand glaubt sie zu haben, keiner will zugeben, daß er davon betroffen ist ... Wenn in unserer Gegenwart gut von unserm Nächsten gesprochen wird, verhalten wir uns still, wir sind innerlich verärgert. Müssen wir sprechen, so tun wir es in einer sachlichen und kühlen Weise.

In einem Neider ist keine Liebe zu finden. Der heilige Paulus sagt uns, daß wir uns über das Glück unseres Nächsten freuen sollen. Das ist es, was die christliche Liebe uns füreinander eingeben muß. Aber die Gefühle eines Neiders sind ganz anders. Nein, ich glaube, es gibt keine schlechtere und schrecklichere Sünde als die des Neides, weil sie eine verborgene Sünde ist, oft verdeckt von einem schönen Kleid der Tugend und der Freundschaft. Sagen wir noch mehr: Sie ist wie ein Löwe, der scheinbar einen Maulkorb trägt, oder wie eine Schlange, die von ein paar Blättern verdeckt ist; sie beißt euch, ohne daß ihr es merkt ...

Aber wie können wir uns von diesem Laster befreien, wenn wir uns nicht schuldig fühlen? Ich bin sicher, daß unter tausend Neidern, wenn man sie genau ausfragt, auch nicht einer ist, der sich dazu rechnet. Es gibt keine Sünde, die man so wenig erkennt wie diese ...

Aber, so denkt ihr bei euch selbst, wenn ich sie erkennen würde, ich würde wohl versuchen, mich zu bessern.

Um sie zu erkennen, muß man um das Licht des Heiligen Geistes beten. Er allein wird euch diese Gnade geben. Wißt ihr, was euch helfen kann, den Zustand eurer Seele zu erkennen und jene abscheuliche, in den geheimen Winkeln eures Herzens verborgene Sünde zu entdecken? Es ist die Demut. Während der Stolz sie euch verbirgt, offenbart die Demut sie euch.

(Zum 18. Sonntag nach Pfingsten)

112

Würdet ihr das Leben derer, die hier anwesend sind, untersuchen, fändet ihr vielleicht nur Diebe unter ihnen. Überrascht euch das? Hört mich einen Augenblick an, und ihr werdet sehen, daß es wahr ist.

Die meisten Diebstähle geschehen bei den Verkäufen und Einkäufen. Gehen wir ins einzelne, damit ihr das Böse einseht, das ihr tut, und damit ihr euch gleichzeitig bessern könnt.

Wenn ihr eure Erzeugnisse anbietet, dann werdet ihr gefragt, ob eure Eier oder eure Butter frisch sind. Ihr antwortet sogleich mit Ja, wo ihr doch wißt, daß das Gegenteil der Fall ist. Warum macht ihr das? Weil ihr eine arme Frau, die das Geld vielleicht geliehen hat, um ihre Familie zu ernähren, um zwei oder drei Groschen bringen wollt. Ein andermal handelt ihr ähnlich beim Verkauf eures Hanfs. Vorsichtig verbergt ihr das, was kürzer oder von geringerer Qualität ist. Vielleicht sagt ihr: Wenn ich das nicht machte, würde ich die Ware nicht für den Preis verkaufen . . . Ein andermal habt ihr bemerkt, daß euch auf euer Konto mehr als das Geschuldete überwiesen wurde, aber ihr habt nichts gesagt. – „Pech für den Betroffenen; aber das ist nicht meine Schuld." – Mein Freund, es wird ein Tag kommen, an dem dir vielleicht mit größerem Recht gesagt wird: Leider Pech für dich!

Jemand will von euch Getreide, Wein oder Vieh kaufen. Er fragt euch, ob das Getreide aus einem guten Jahrgang kommt. Ohne Zögern versichert ihr, daß es so ist. Eueren Wein mischt ihr mit schlechtem und verkauft ihn für guten . . . „Hat das Tier", wird man euch fragen, „irgendeinen Fehler? Ihr dürft mich nicht täuschen, sonst ruiniert ihr mich, ich habe mir das Geld geliehen." „Aber sicher nicht", erwidert ihr, „das Tier ist ausgezeichnet. Ich verkaufe es nur ungern. Wenn ich es anders machen könnte, würde ich es nicht verkaufen." Und in Wirklichkeit setzt ihr es ab, weil es nichts taugt und es euch nichts mehr nützt. „Ich mache es wie die andern. Dumm genug, wer sich übers Ohr hauen läßt. Ich bin auch betrogen worden. Ich versuche zu betrügen, sonst setze ich zuviel zu . . ."

Ich sage euch, wenn ihr ein Tier mit verborgenen Fehlern verkauft habt, seid ihr verpflichtet, den Käufer zu entschädigen, entsprechend dem Verlust, den jene verborgenen Fehler ihm verursacht haben können. Ihr werdet mir antworten: „Ach, er hätte es an unserer Stelle ebenso gemacht wie wir!"

Ja, ich würde es ebenso machen wie ihr, wenn ich, wie ihr, verdammt werden wollte. Aber da ich gerettet werden will, würde ich genau das Gegenteil tun.

(Zum 22. Sonntag nach Pfingsten)

DIE GOTTESLÄSTERUNG

Ihr fragt mich, was man unter dem Wort „lästern" versteht. Diese Sünde ist so schrecklich, daß die Christen nicht den Mut haben dürften, sie zu begehen. Gott lästern bedeutet, die unendliche Schönheit verfluchen und verabscheuen. Das will sagen, daß diese Sünde sich direkt auf Gott bezieht. Der heilige Augustinus sagt uns: „Wir lästern Gott, wenn wir ihm etwas zuschreiben, was er nicht hat oder was ihm nicht zukommt, wenn wir ihm etwas wegnehmen, was ihm zukommt, oder endlich, wenn man sich selbst das zuschreibt, was Gott zukommt und was ihm allein geschuldet wird."

Ich sage also, daß wir Gott lästern:

1. wenn wir sagen, daß Gott nicht gerecht ist, weil er einige Leute so reich sein läßt, daß sie alles im Überfluß haben,

während viele andere so arm sind, daß sie kaum das nötige Brot zu essen haben;

2. wenn wir sagen, daß er nicht gut ist, da er viele Menschen in Verachtung und Krankheiten beläßt, während andere von allen geliebt und geachtet werden;

3. oder wenn man sagt, Gott sähe nicht alles und könne sich nicht um alles kümmern, was auf der Erde geschieht;

4. auch wenn man sagt: „Wenn Gott diesem Menschen Barmherzigkeit erweist, ist er nicht gerecht, denn der hat zuviel Böses begangen."

5. oder wenn wir irgendeinen Verlust erleiden und im Zorn gegen Gott sagen: „Wie unglücklich bin ich! Ich glaube, Gott weiß gar nicht, daß ich da bin, oder wenn er es weiß, dann nur, um mich leiden zu lassen."

Es ist auch eine Lästerung, wenn man die Gottesmutter und die Heiligen verachtet, indem man sagt: „Da ist jemand, der hat eine große Macht, aber ich habe soviel gebetet und nichts erhalten."

Der heilige Thomas sagt uns, daß die Lästerung ein beleidigendes Wort ist, eine Beschimpfung gegen Gott oder gegen die Heiligen. Das geschieht auf folgende Weise:

1. indem man behauptet: „Gott ist grausam und ungerecht, weil er zuläßt, daß ich soviel leiden muß, daß ich in dieser Weise verleumdet werde, daß ich dieses Geld verliere oder den Prozeß. Ich Unglücklicher! In meinem Hause geht alles schief, während im Hause der andern alles gelingt."

2. wenn man sagt, Gott sei nicht allmächtig und man könne auch ohne ihn etwas tun . . .

3. wenn man einem Geschöpf das zuschreibt, was Gott gebührt.

Achtet wohl darauf: Die Häuser, in denen Gott gelästert wird, gehen zugrunde. Der heilige Augustinus sagt uns, daß die

Lästerung eine schlimmere Sünde sei als der Meineid. Beim Meineid, so sagt er, rufen wir den Namen Gottes zum Zeugen an für einen Sachverhalt, der nicht richtig ist, während wir mit der Lästerung Dinge über Gott selbst sagen, die nicht richtig sind. Was für ein Verbrechen! Sind wir uns dessen je recht bewußt geworden?

Der heilige Thomas sagt uns, daß es noch eine andere Art von Lästerung gibt, und zwar gegen den Heiligen Geist. Sie geschieht auf drei Arten:

1. indem man dem Teufel die Werke Gottes zuschreibt, wie es die Juden machten, die sagten, daß Jesus Christus die Teufel im Namen des Beelzebub austreibe; oder wie es die Tyrannen oder die Henker machten, die der Magie oder dem Teufel die von den Heiligen bewirkten Wunder zuschrieben;

2. wenn man in der Unbußfertigkeit stirbt; die Unbußfertigkeit ist eine Lästerung gegen den Heiligen Geist, sagt der heilige Augustinus, weil die Vergebung unserer Sünden durch die Liebe geschieht, die der Heilige Geist ist;

3. wenn wir Handlungen begehen, die der Güte Gottes direkt entgegengesetzt sind, etwa wenn wir verzweifeln und nicht alle Mittel einsetzen wollen, um unser Heil zu erreichen, oder wenn wir verärgert sind über die Tatsache, daß andere mehr Gnaden erhalten als wir.

Habt ihr nicht gelästert, als ihr sagtet, es gäbe nur eine Vorsehung für die Reichen und die Bösen? Habt ihr nicht gelästert, als euch ein Verlust traf und ihr sagtet: „Aber was habe ich mehr gegen Gott getan als ein anderer, daß ich solch ein Unglück habe?" Ach, ihr Unglücklichen! Den, der euch aus dem Nichts befreit hat, der euch erhält und ständig mit Wohltaten überhäuft, den wagt ihr zu verachten und zu verleugnen!

(Zum 5. Sonntag nach Pfingsten)

AN DIE MÜTTER

Ist es nicht wahr, daß ihr alle Tage über eure Kinder klagt? Daß es euch nicht mehr gelingt, sie zu bändigen? Es ist wirklich wahr. Habt ihr vielleicht den Tag vergessen, an dem ihr euerem Sohn und eurer Tochter sagtet: „Wenn du zum Markt von Montmerle gehen willst mit deinem neuen, modischen Kleid oder zum Wirt in die Schenke, dann geh nur! Komm aber bald zurück!"

Und eure Tochter sagte: „Gern, wenn ihr es so wollt." Und ihr: „Geh nur, du gehst nie aus, du brauchst auch hin und wieder ein Vergnügen."

Ihr werdet zugeben, daß es so ist. Aber später braucht ihr sie weder aufzufordern noch ihr die Erlaubnis zu geben. Dann werdet ihr euch beunruhigen über die Tatsache, daß sie geht, ohne es zu sagen. Denkt darüber nach, Mütter, und ihr werdet euch erinnern, daß ihr eueren Töchtern mit dem einen Mal für immer einen Freibrief gegeben habt . . . Ihr möchtet, daß sie Bekanntschaften machen, um sie zu verheiraten. In der Tat, so werden sie sicherlich Bekanntschaften machen . . .

Ist es nicht so, Mütter? Aber ihr werdet sagen: Laß den Herrn Pfarrer reden, geh nur, sei ordentlich, komm rechtzeitig zurück und sei unbesorgt. – Gut, aber jetzt hört mir zu: Eines Tages ging ich an einem großen Feuer vorbei. Ich nahm eine Handvoll ganz trockenes Stroh, warf es ins Feuer und sagte ihm, es solle nicht brennen. Die Zeugen dieses Geschehens machten sich über mich lustig und sagten: Du kannst ruhig sagen, es solle nicht brennen; das wird nicht verhindern, daß es brennt. –

Wie denkt ihr darüber, Mütter? Erkennt ihr euch darin wieder? Geht es euch nicht ebenso?

(Zum 20. Sonntag nach Pfingsten)

Wir brauchen die Versuchung, um zu begreifen, daß wir aus uns selbst nichts sind. Der heilige Augustinus sagt, wir müßten Gott danken für die Sünden, vor denen er uns bewahrt hat, wie auch für die, die er uns in seiner Güte vergeben hat. Wenn wir das Unglück haben, oft in die Fallstricke des Teufels zu geraten, dann deswegen, weil wir zu sehr auf unsere Entschlüsse und Vorsätze bauen und nicht genug auf Gott. Genauso ist es. Wenn uns nichts bedrängt, wenn alles nach unseren Wünschen geht, dann wagen wir zu glauben, daß uns nichts zu Fall bringen kann. Wir vergessen unser Nichts und unsere erbärmliche Schwäche. Wir geben die schönsten Versicherungen ab, daß wir lieber sterben, als uns besiegen zu lassen. Ein schönes Beispiel dafür haben wir beim heiligen Petrus, der zu Gott sagte: Auch wenn alle anderen dich verleugnen, was mich angeht, ich werde das nie tun.

Um uns zu zeigen, wieviel der Mensch – sich selbst überlassen – wert ist, bediente Gott sich nicht eines Königs, sondern nur der Stimme einer Magd, die anscheinend zu Petrus sogar in einer ziemlich gleichgültigen Weise sprach. Vorher war er bereit, für Jesus zu sterben, und jetzt versichert er, daß er nicht weiß, von wem sie redet. Um ihr zu beweisen, daß er ihn nicht kennt, schwört er sogar. Mein Gott, wozu sind wir nicht fähig, wenn wir uns selbst überlassen sind!

Da gibt es welche, die, wenn man sie hört, die Heiligen neidisch machen könnten. Sie glauben, ebenso große Bußwerke wie sie tun zu können. Wenn wir das Leben eines Märtyrers lesen, wären wir bereit, auch alles das für Gott zu leiden. Wir sagen, solch ein Augenblick sei wenig verglichen mit der Ewigkeit, in der wir den Lohn erhalten. Aber was tut Gott, um uns zu lehren, wer wir sind, oder besser, daß wir nichts sind? Er erlaubt dem Teufel, sich etwas an uns heranzumachen. Seht den Christen, der vorher die Einsiedler neidisch machte, die nur von Wurzeln und Kräutern leben, der den großen Entschluß faßte, seinen Körper so hart zu behandeln . . . Ach, ein kleines Kopfweh, ein Nadelstich, und siehe, wie er jammert, so groß wie er ist. Er wehrt sich und schreit . . .

Beobachtet einen anderen, der sein ganzes Leben Gott weihen will und den keine Qualen aufhalten können: Ein kleines böses Wort über ihn, eine Verleumdung oder ein etwas kühler Blick, eine kleine Ungerechtigkeit oder eine Undankbarkeit, die er für eine gute Tat erhält, lassen sogleich in seiner Seele Gefühle des Hasses, der Rache und der Abneigung aufsteigen. Oft will er seinen Gegner nicht mehr sehen, oder er begegnet ihm nur in sachlicher Weise, mit einer Miene, die deutlich zeigt, was in seinem Herzen vorgeht. Wie oft ist dies beim Erwachen sein erster Gedanke, und es kann so weit kommen, daß es ihn sogar am Schlafen hindert.

Ach, wie klein sind wir, und wie wenig dürfen wir auf alle unsere guten Vorsätze bauen!

(Zum 1. Sonntag in der Fastenzeit)

Die Liebe zum Kreuz

Alle Heiligen haben das Kreuz geliebt. Sie haben in ihm ihre Kraft und ihren Trost gefunden.

Man muß also immer etwas zu leiden haben? werdet ihr mich fragen. Krankheit oder Armut, üble Nachrede oder Verleumdung, Verlust an materiellen Gütern, Leiden?

Wirst du verleumdet, mein Freund? Wirst du mit Schmähungen bedacht? Um so besser! Es ist ein gutes Zeichen, beunruhige dich nicht, du bist auf dem Weg, der zum Himmel führt.

Wißt ihr, wann man weinen muß? Ich weiß nicht, ob ihr das versteht: Im Gegensatz zum Gewohnten solltet ihr weinen, wenn ihr nichts zu leiden hättet. Wenn alle euch ehrten und achteten, da hättet ihr Grund, die zu beneiden, die das Glück haben, ihr Leben in Leiden, Verachtung und Armut zu verbringen.

Vergeßt ihr, daß ihr bei eurer Taufe ein Kreuz empfangen habt, das ihr erst im Tode lassen dürft? Dieses Kreuz ist der Schlüssel, mit dem ihr einmal das Himmelstor aufschließen werdet. Vergeßt ihr die Worte des Heilands: „Mein Sohn, wenn du mir folgen willst, nimm dein Kreuz und folge mir"? Nicht einen Tag, nicht eine Woche, nicht ein Jahr, sondern das ganze Leben. Die Heiligen hatten Angst, irgendeinen Augenblick zu verbringen, ohne zu leiden, weil sie diese Zeit als verloren ansahen. Die heilige Teresa von Avila sagt, der Mensch sei nur auf dieser Welt, um zu leiden, und kaum höre er auf zu leiden, müsse er aufhören zu leben. Der heilige Johannes vom Kreuz erbittet unter Tränen von Gott, ihm als einzige Belohnung für seine Mühen die Gnade zu gewähren, immer mehr zu leiden.

Welche Folgerung müssen wir aus alldem ziehen? Wir wollen vor allen Kreuzen eine große Ehrfurcht haben. Sie sind gesegnet, und sie sind für uns eine Vergegenwärtigung all dessen, was unser Gott für uns gelitten hat.

(Zum Fest Kreuzauffindung)

Seid heilig, weil ich heilig bin, sagt uns der Herr. Warum gibt uns Gott solch ein Gebot? Weil wir seine Kinder sind, und wenn der Vater heilig ist, müssen es auch die Kinder sein. Nur die Heiligen können hoffen, sich einst der Gegenwart Gottes zu erfreuen, die die Heiligkeit selbst ist. In der Tat, ein Christ sein und in der Sünde leben ist ein ungeheuerlicher Widerspruch. Ein Christ muß ein Heiliger sein . . .

Die weltlich gesinnten Menschen möchten sich dispensieren von dem Streben nach Heiligkeit. Das würde sie natürlich zu sehr stören in ihrer Lebensweise. Sie wollen uns glauben machen, man müsse, um heilig zu werden, aufsehenerregende Taten vollbringen, sich außerordentlichen Frömmigkeitsübungen hingeben, große Härten ertragen, viele Fasten halten, die Welt verlassen und in die Wüste fliehen, und man müsse Tag und Nacht im Gebet verbringen. Natürlich ist das alles gut; diesen Weg sind wirklich viele Heilige gegangen. Aber das ist es nicht, was Gott von allen fordert. Nein, nicht das ist es, was unsere heilige Religion verlangt, im Gegenteil, sie sagt: Erhebt die Augen zum Himmel und seht nach, ob all jene, welche die ersten Plätze im Himmel innehaben, wunderbare Dinge getan haben. Wo sind die Wunder der Muttergottes, des heiligen Johannes des Täufers, des heiligen Josef? Viele werden, wie Jesus Christus selbst sagt, am Tage des Gerichtes rufen: „Herr, Herr, sind wir nicht in deinem Namen als Propheten aufgetreten, und haben wir nicht mit deinem Namen Dämonen ausgetrieben und mit deinem Namen viele Wunder vollbracht?" – „Weg von mir, ihr Übertreter des Gesetzes!" (vgl. Mt 7,22 f.) wird ihnen der gerechte Richter antworten. Ihr habt dem Meer geboten; und eueren Leidenschaften habt ihr nicht gebieten können? Ihr habt die Besessenen vom Teufel befreit;

und ihr seid seine Sklaven gewesen? Ihr habt Wunder gewirkt; und meine Gebote habt ihr nicht beobachtet? . . . Geht, ihr Elenden, in das ewige Feuer! Ihr habt große Dinge getan, aber nichts habt ihr getan, um euch zu retten und meine Liebe zu verdienen.

Die Heiligkeit besteht also nicht in großen Dingen, sondern in der treuen Beobachtung der Gebote Gottes und in der Pflichterfüllung an dem Platz, an den Gott uns gestellt hat. Wir sehen oft, daß einer, der in der Welt lebt und treu die kleinen Pflichten seines Standes erfüllt, Gott wohlgefälliger ist als die Einsiedler in ihren Wüsten.

Wollt ihr noch mehr wissen, was ein Heiliger in den Augen Gottes ist? Er ist ein Mensch, der Gott fürchtet, der ihn ehrlich liebt und ihm in Treue dient. Er ist ein Mensch, der sich nicht vom Hochmut aufblähen und nicht von der Eigenliebe beherrschen läßt, der wirklich demütig ist und klein in seinen eigenen Augen. Wenn er der Güter dieser Welt entbehrt, wünscht er sie nicht zu haben, wenn er sie besitzt, hängt er sein Herz nicht daran. Er ist ein Feind jedes ungerechten Gewinnes, er besitzt seine Seele in der Geduld und Gerechtigkeit und ärgert sich nicht über eine Ungerechtigkeit, die ihm widerfährt. Er liebt seine Feinde, er sucht sich nicht zu rächen. Er erweist seinem Nächsten alle Dienste, die er kann. Gern teilt er seine Habe mit den Armen. Er sucht Gott allein und verachtet die Güter und Ehren dieser Welt. Er schaut allein auf die Güter des Himmels, er hat keinen Geschmack an den Vergnügungen dieses Lebens und sucht sein Glück allein, indem er Gott dient. Er besucht gern den Gottesdienst, er empfängt häufig die Sakramente und befaßt sich ernsthaft mit seinem Heil. Er verabscheut jede Unreinheit, und er flieht schlechte Gesellschaft, so gut er kann, um seinen Leib und seine Seele rein zu erhalten. Er unterwirft sich dem Willen Gottes in allen Kreuzen und

Widrigkeiten, die ihn treffen. Er klagt niemanden an, aber er bekennt, daß er selbst in seiner Sündhaftigkeit mit der Gerechtigkeit Gottes beschenkt wurde.

Als guter Vater sucht er nur das Heil seiner Kinder, indem er ihnen ein gutes Beispiel gibt, und er tut nie etwas, was ihnen ein Ärgernis sein kann. Als gütiger Herr liebt er seine Diener, als wären es seine Brüder und Schwestern. Als Sohn ehrt er Vater und Mutter und sieht sie so an, wie wenn sie den Platz Gottes selbst einnähmen. Als Hausangestellter sieht er in der Person seiner Herrschaft Jesus Christus selbst, der ihm durch ihren Mund seine Aufträge gibt.

Ihr nennt einen solchen einfach einen rechtschaffenen Menschen. Aber seht, Gott nennt ihn den Menschen des Wunders, den Heiligen, den großen Heiligen. „Wo gibt es den?" fragt der Weise. „Wir wollen ihn preisen. Denn Staunenswertes hat er in seinem Volk vollbracht. Wo gibt es einen, der sich in solcher Prüfung bewährt hat? Das wird ihm zur Ehre gereichen. Wer könnte sündigen und sündigte nicht, Böses tun, tat es aber nicht? Darum ist sein Glück von Dauer, die Gemeinde verkündet sein Lob" (Sir 31,9–11).

Meint ihr, daß die Heiligen ohne Anstrengung zu solch einer Einfachheit, zu solch einer Sanftmut und zur Verleugnung ihres eigenen Willens gelangt sind? Nein. Hört den hl. Paulus: „Ich tue nicht das, was ich will, sondern das, was ich hasse. Ich sehe ein anderes Gesetz in meinen Gliedern, das mit dem Gesetz meiner Vernunft im Streit liegt und mich gefangenhält im Gesetz der Sünde, von dem meine Glieder beherrscht werden. Ich unglücklicher Mensch! Wer wird mich aus diesem dem Tod verfallenen Leib erretten?" (Röm 7,15.23 f.) Was für Prüfungen mußten die ersten Christen nicht ertragen! Sie verließen eine Religion, die nur darauf zielte, ihren Leidenschaften nachzugeben, um eine andere anzunehmen, die nur darauf zielte, ihr Fleisch zu kreuzigen. Glaubt ihr, der heilige Franz von Sales hätte sich nicht Gewalt antun müssen, um so sanftmütig zu werden, wie er war? Wieviele Opfer hat er nicht bringen müssen!... Die Heiligen sind nur heilig geworden nach vielen Opfern und Selbstüberwindungen.

An zweiter Stelle möchte ich sagen, daß wir die gleichen Gnaden haben wie sie. Hat vor allem die Taufe nicht dieselbe Fähigkeit, uns zu reinigen, die Firmung, uns zu stärken, die Beichte, unsere Sünden nachzulassen, die Eucharistie, in uns die Begierlichkeit abzuschwächen und die Gnade in unseren Seelen zu vermehren? Und was das Wort Jesu Christi angeht, ist es nicht immer das gleiche? Hören wir nicht jeden Augenblick diesen Rat: „Laßt alles und folgt mir"? Das ist es, was den heiligen Antonius bekehrte, den heiligen Arsenius, den heiligen Franz von Assisi. Lesen wir nicht im Evangelium diesen Weisheitsspruch: „Was nützt es dem Menschen, wenn er die ganze Welt gewinnt, aber Schaden leidet an seiner Seele"? Dieses Wort bekehrte den heiligen Franz Xaver, und es machte aus einem Ehrgeizigen einen Apostel. Hören wir nicht jeden Tag sagen: „Wacht und betet immer", „Liebet euren Nächsten wie euch selbst"? Hat diese Lehre nicht alle Heiligen herangebildet?

Was schließlich die guten Beispiele angeht, haben wir nicht trotz des schlimmen Zustandes der Welt einige vor Augen, und sogar mehr als wir nachahmen können?

Und schließlich, fehlt uns die Gnade mehr als den Heiligen?...

Ja, wir können heilig sein, und wir müssen uns anstrengen, es zu werden. Die Heiligen waren sterbliche Menschen wie wir, schwach und den Leidenschaften unterworfen wie wir. Wir haben dieselben Hilfen, dieselben Gnaden, dieselben Sakramente ... Wir können Heilige werden, weil Gott uns dazu seine Gnade niemals verweigern wird. Er ist unser Vater, unser Heiland und unser Freund. Er wünscht brennend, uns von den Übeln dieses Lebens befreit zu sehen. Er will uns mit vielen Gütern überhäufen, nachdem er uns schon in diesem Leben unermeßliche Tröstungen gegeben hat, einen Vorgeschmack auf den Himmel, den ich euch wünsche.

(Zum Allerheiligenfest)

MARIA

Wenn wir sehen, wie Maria sich in ihrer Demut unter jedes Geschöpf erniedrigt, so sehen wir diese Demut auch erhöht über alles, was nicht Gott ist. Nein, nicht die Großen dieser Erde sind es, die wir hinaufsteigen sehen auf diesen höchsten Grad der Würde, wo wir sie heute mit Freude betrachten. Die drei Personen der Heiligen Dreifaltigkeit haben sie auf diesen Thron der Herrlichkeit gesetzt, sie haben sie als Königin des Himmels und der Erde proklamiert und haben sie zur Verwalterin aller himmlischen Schätze gemacht.

Wir werden nie genug die Größe Mariens verstehen und die Macht, die Jesus Christus, ihr göttlicher Sohn, ihr gegeben hat, und wir werden nie ganz das Verlangen erkennen, das sie hat, uns glücklich zu machen. Sie liebt uns als ihre Kinder. Sie freut sich, daß Gott ihr die Macht gegeben hat, uns nützlich zu sein. Ja, Maria ist unsere Mittlerin. Sie überbringt ihrem göttlichen Sohn all unsere Gebete, unsere Tränen und Seufzer, und sie zieht die notwendigen Gnaden für unser Heil auf uns herab. Der Heilige Geist sagt uns, daß Maria unter allen Geschöpfen ein Wunder ist in ihrer Größe, ein Wunder in ihrer Heiligkeit und ein Wunder in ihrer Liebe.

(Zum Fest Mariä Himmelfahrt)

ANMERKUNGEN

[1] Die „Gedanken" sind folgenden Sammlungen entnommen: J. Frossard, *Pensées choisies du Saint Curé d'Ars,* Paris 1961, und Nodet, *Le curé d'Ars, sa pensée, son coeur,* Lyon 1966; die Auszüge aus den Predigten wurden folgenden Büchern entnommen: J. Alzin, *Saint Curé d'Ars, Sermons,* Namur 1958, und *Les Sermons du Pauvre Curé d'Ars,* Paris 1965.

[2] Es sind 85 Predigten erhalten. Vianney bediente sich mehrerer Predigtbücher. Er lernte die Predigten auswendig. Später fand er nicht mehr die Zeit zur Vorbereitung und stieg unvorbereitet auf die Kanzel. Als er 1845 einen Kaplan erhielt, überließ er ihm die Sonntagspredigt. Er selbst hielt die tägliche Katechismusstunde und die Unterweisung am Sonntagabend.

[3] Geboren wurde Jean-Marie als viertes von sechs Kindern am 8. Mai 1786 zu Dardilly, einem Dorf, 8 km von Lyon entfernt.

[4] Zwei Jahre widersetzte sich der Vater dem Wunsch Vianneys, Priester zu werden. Den Grund weiß man nicht sicher. Brauchte er den Sohn zur Feldarbeit? Sah er sich nicht in der Lage, die Kosten für das Studium zu tragen?

[5] In der Diözese Lyon waren die Seminaristen vom Militärdienst befreit.

[6] Es war die Zeit der napoleonischen Kriege. Der Kaiser brauchte Soldaten, aber das Volk war des Krieges müde und verbarg die immer zahlreicher werdenden Deserteure. Vianney lebte in Noes als „Monsieur Jérôme".

[7] Nicht nur die Handbücher der Philosophie und Theologie waren in Latein geschrieben, auch die Vorlesungen wurden in lateinischer Sprache gehalten.

[8] Bei der Ankunft Vianneys gab es auch einen Seminaristen in Ars, Jean-François Renard, der sich gerade auf die Subdiakonatsweihe vorbereitete. Seine Primiz hielt er 1820 in Ars. Er selbst erinnert sich: „Als ich das Glück hatte, zum Priester geweiht zu werden, gab sich dieser gute Priester (Vianney) nicht damit zufrieden, mir am Altar bei der Feier der ersten heiligen Messe zu assistieren. Er wollte auch, daß wir die Mahlzeit in seinem Hause hielten, und er war glücklich, zwei Freunde aus dem Seminar, die ich zu der Feier eingeladen hatte, beherbergen zu können. Obwohl in jener Zeit seine Strenge ihren Gipfelpunkt erreicht hatte, zeigte er sich sehr freundlich und liebenswürdig, und er ließ Rindfleisch und Wildbret und verschiedene andere Speisen servieren . . . Um uns zum Essen zu ermutigen, verleugnete er seine harte Lebensweise und aß sogar Fleisch und trank Wein, jedoch nur sehr wenig."

[9] Aus solchen Krisen rühren die bekannten Fluchten des Pfarrers von Ars her. Er wollte, wie er sagte, „in der Einsamkeit sein armes Leben beweinen". 1840 stahl er sich einmal mitten in der Nacht aus dem Pfarrhaus, um wegzugehen. Doch es befiel ihn die Furcht, gegen den Willen Gottes zu handeln, und er kehrte dieselbe Nacht noch zurück, ohne daß jemand etwas gemerkt hätte. Im September 1843 flüchtete er nach Dardilly, seinem Geburtsort. Er kehrte zurück, als er zu seiner Überraschung die Pilgermenge dorthin kommen sah. Schließlich noch eine verfehlte Flucht 1853, zu der er selbst den Kommentar gab: „Es war kindisch von mir."

[10] Es hatte sich das falsche Gerücht verbreitet, der Bischof wolle sich zurückziehen.

[11] Catherine Lassagne, die treueste Mitarbeiterin des Pfarrers von Ars, wurde 1824 Lehrerin und „Direktorin" der Mädchenschule und dann des Waisenhauses, das unter dem Namen „Providence" (= Vorsehung) bekannt wurde. Sie behielt diese Stellung bis 1848; danach widmete sie sich einzig dem persönlichen Dienst des Pfarrers. Sie verfaßte ein Petit Mémoire, ein kleines Gedenkbuch, das ein kostbares Zeugnis über den Pfarrer von Ars ist.

[12] Die Korrespondenz von Bruder Athanasius, dem Leiter der Jungenschule, mit seinem Oberen ist eine wichtige Quelle für unsere Kenntnis des täglichen Lebens in Ars, sowohl was die Schule als auch den Pfarrer und seine Umgebung anlangt. Mr. Fourrey hat sich in seinem Werk *Le curé d'Ars tel qu' il fut, l'homme et son entourage* diesen Briefwechsel besonders zunutze gemacht.

[13] Nach dem Tode der alten Gräfin des Garets, allgemein „Die Herrin von Ars" genannt, zog Graf Prosper 1834 auf das Schloß Ars und wurde 1838 Bürgermeister. Einige Briefe Vianneys an ihn sind noch erhalten, einfache Briefe wie dieser: „Mein hochgeachteter Wohltäter, wenn Sie die Güte hätten, uns alle unsere kleinen Pensionen (Geld, das der Graf jährlich an die „Providence" überwies) zu übersenden, würden Sie uns einen großen Gefallen tun. So könnte ich meine Schulden bezahlen. Es handelt sich um 1000 Franc. Nehmen Sie bitte meine demütigsten Empfehlungen und die Gefühle meiner größten Dankbarkeit entgegen. Vianney, Pfarrer von Ars."

[14] Fünf oder sechs Mädchen starben in der „Providence". Auch die Lehrerin Benoîte Lardet verschied 1830 aus diesem Leben wie eine Heilige. Als sie erfuhr, daß ihre Krankheit zum Tode führte, rief sie aus: „Was für eine Freude! Was für eine Freude! Bald werde ich den lieben Gott sehen."

[15] Sehr schön der Kommentar des Pfarrers von Ars am Tag nach dem Besuch Lacordaires: „Man sagt manchmal, daß zwei Extreme sich berühren. Das hat sich gestern auf der Kanzel von Ars bewahrheitet. Man sah die äußerste Weisheit und die äußerste Unwissenheit." Seinerseits sagte Lacordaire einem Pfarrer, der über die mäßige Beredsamkeit Vianneys sprach: „Der gute Pfarrer von Ars hat gepredigt, wie ein guter Pfarrer predigen muß.

Es wäre zu wünschen, daß alle Landpfarrer so gut predigten wie er." Der Besuch Lacordaires fand 1845 statt. Noch zweimal, 1850 und 1853, besuchte er Ars.

[16] Die nächtlichen Belästigungen durch den Teufel, denen Vianney ausgesetzt war, sind allgemein bekannt. Sie waren von einer grotesken Vielfalt. Sie sollten den kurzen Schlaf, den der Pfarrer sich gönnte, stören, ihn beunruhigen und seine Gesundheit ruinieren. Diese dämonischen Anfechtungen begannen 1823 und endeten einige Monate vor seinem Tod. Dem Bischof, der ihn danach fragte, antwortete Vianney: „Ich dachte, es sei der Teufel, weil ich Angst hatte. Vor dem lieben Gott hat man keine Angst." Mit der Zeit verlor Vianney die Furcht. Er hatte die Erfahrung gemacht, daß, wenn der Lärm besonders groß war, am folgenden Tag irgendein „großer Fisch" kam. Vianney sagte: „Er ist in Wut, das ist ein gutes Zeichen: Es kommen Geld und viele Sünder."

[17] Es handelt sich um die „Brüder der heiligen Familie". Sie betreuten die Jungenschule, deren Leiter Bruder Athanasius war. Bruder Jérôme war Küster.

[18] Der Pfarrer von Ars wurde am 8. 1. 1905 selig- und am 31. 5. 1925 heiliggesprochen, zwei Wochen nach Therese von Lisieux.

[19] Dieses Wort hat der Pfarrer von Ars wenige Tage vor seinem Tod gesprochen..

[20] Verdammt wird letzten Endes keiner, weil er Böses getan hat, sondern weil er das Angebot des barmherzigen Gottes, ihm zu vergeben, nicht annimmt. Selbst Judas wäre nicht verdammt worden, wenn er sich dem Erbarmen Gottes überlassen hätte. (Anm. des Übersetzers)

INHALT

Mary Linscott
JULIE BILLIART
Gründerin der Schwestern
Unserer Lieben Frau

152 Seiten, kart.
ISBN 3-87996-109-3

In Zeiten geistiger und materieller Not finden immer wieder
Menschen den Mut aus einem tiefen Glauben heraus, neue Wege
zu beschreiten zum Wohl der Menschheit. Davon zeugt das
Leben und Werk Julie Billiarts. Sie lebte zur Zeit der Französischen Revolution, und sie erfaßte den christlichen Kern der
revolutionären Ideen jener Zeit: Die vom Schöpfer gewollte
Gleichheit der Menschen galt ihr als Verpflichtung zur Brüder-
lichkeit. In ihrem Dienst an den Armen entdeckte sie den
außerordentlichen Wert der Freiheit für ein menschenwürdiges
Leben. Ihre Sorge galt vor allem der Ausbildung und Erziehung
armer Kinder. Ihr Werk wurde zu einem grundlegenden Be-
standteil des christlichen Bildungswesens.

Die Verfasserin, Mary Linscott, war von 1968 bis 1979 General-
oberin der Schwestern Unserer Lieben Frau von Namur. Sie
ist Professorin für Theologie und Philosophie und seit 1979
Sekretärin der päpstlichen Religiosenkongregration.

VERLAG NEUE STADT   MÜNCHEN ZÜRICH WIEN

Alfred Kardinal Bengsch
IN DER SCHULE
DES GLAUBENS
Ansprachen und Betrachtungen
Mit einem Geleitwort
von Klaus Hemmerle

184 Seiten, gebunden
ISBN 3-87996-077-1

Die Ansprachen und Betrachtungen aus den letzten Lebens-
jahren des Berliner Kardinals sind ein Vermächtnis. Das Zeugnis eines unerschrockenen Glaubens, der sich den Fragen
unserer Zeit stellt und um die Nöte des einzelnen weiß. Die
befreiende Klarheit seiner Gedanken, die ihm eigene souveräne
Art, Perspektiven aufzureißen, und sein gelassener Humor
faszinieren und machen nachdenklich. Eine Herausforderung,
aus der Lebenserfahrung einer der führenden Persönlichkeiten der Kirche unserer Tage zu lernen.

„Dieser Sammelband macht nochmals eindrucksvoll deutlich,
daß der dritte Berliner Kardinal im fünfzig Jahre alten Bistum
an der Spree eine besonders originelle Gestalt war, der die
außergewöhnliche Last seines Bischofsamtes in der geteilten
Diözese sowohl christlich als auch menschlich überzeugend
gemeistert hat." *Deutsche Tagespost*

VERLAG NEUE STADT   MÜNCHEN ZÜRICH WIEN

Karl-Heinz Fleckenstein
FÜR DIE KIRCHE
VON MORGEN
Im Gespräch mit
Kardinal Suenens
Mit einem Vorwort
von D. H. Dietzfelbinger

192 Seiten, gebunden
ISBN 3-87996-102-6

Aus vielen Gesprächen mit dem weit über die Grenzen seines Landes hinaus bekannten Kardinal entstand ein aktuelles Porträt. Mutig in seinem Bekenntnis zur Wahrheit, mit offenem Herzen für die ökumenischen Bemühungen, engagiert und mit einem frischen Schuß Humor steht er Rede und Antwort: ein Mann, dessen Leben und Schaffen der Zukunft der Kirche gilt.

„Diese Gespräche mit dem belgischen Kardinal und Erzbischof Suenens bringen nicht nur wertvolle Lebenserinnerungen. Sie sind ein ökumenisches Buch besonderer Art."

D. Hermann Dietzfelbinger

„Ich habe in den letzten Jahren kein Buch in der Hand gehabt, das sich so leicht liest und dabei doch voll geistiger und geistlicher Substanz ist."

Kirche und Leben

VERLAG NEUE STADT   MÜNCHEN ZÜRICH WIEN

Papst Johannes I.
IHR ERGEBENER
Albino Luciani
Briefe an Persönlichkeiten

272 Seiten, gebunden
ISBN 3-87996-076-3

„Es liegt ein Zauber über diesen Briefen. Man weiß nicht, was mehr zu bewundern ist: die umfassende Bildung, die Fähigkeit, schwierige Probleme einfach auszudrücken, die Heiterkeit der Sprache oder die Selbstverständlichkeit, mit der das Evangelium ins Leben eingeht."

Rheinischer Merkur

„Besser als gelehrte Studien enthüllen diese ‚Briefe' die Größe einer Person, die nicht aufhört, die Welt in Erstaunen zu versetzen."

Paris Match

„Witzig, meditativ und phantasievoll läßt Luciani seine Gedanken und seine Feder hin- und hergehen zwischen so ungleichen Leuten, deren Bekanntschaft er offensichtlich genießt."

Neue Zürcher Zeitung

VERLAG NEUE STADT   MÜNCHEN ZÜRICH WIEN